Українська колек
«Усе буде

РОЗМОВНИК
АНГЛІЙСЬКИЙ

Andrey Taranov

НАЙПОТРІБНІШІ
СЛОВА ТА ФРАЗИ

Розмовник містить
найважливіші фрази та
питання, необхідні для
мінімального спілкування
з іноземцями

T&P BOOKS

Розмовник + тематичний словник 3000 слів

АНГЛІЙСЬКИЙ РОЗМОВНИК І ТЕМАТИЧНИЙ СЛОВНИК

Андрій Таранов

Розмовник «Усе буде добре!» містить найважливіші слова, фрази та питання, необхідні для мінімального спілкування під час закордонної поїздки. Це компактне видання навчить вас впевнено будувати прості фрази іноземною мовою.

У цій книзі ви також знайдете невеликий тематичний словник, що містить близько 3000 найчастіше вживаних слів. Окремим блоком у розмовнику міститься гастрономічний словник, який може допомогти вам при замовленні страв у ресторані або купівлі продуктів у магазині.

Видавництво T&P Books Publishing

Ця книга також доступна у форматі E-book.
Будь ласка, відвідайте tpbooks.com або найбільші книжкові онлайн-магазини.

ПЕРЕДМОВА

Колекція туристичних розмовників «Усе буде добре!» від видавництва T&P Books призначена для мандрівників, які виїжджають у закордонні тури та відрядження. Розмовники містять найголовніше, що потрібне для мінімального спілкування. Це реальний набір фраз для «виживання» закордоном.

Цей розмовник допоможе вам у більшості випадків, коли потрібно щось запитати, дізнатися про дорогу, вартість та ін. Також він дозволяє вирішити складні ситуації у спілкуванні, коли мова жестів не допомагає.

Книга містить велику кількість фраз, згрупованих за найбільш актуальними темами. У цій книзі ви також знайдете невеликий словник, що містить близько 3000 найчастіше вживаних слів. Окремим блоком у розмовнику міститься гастрономічний словник, який може допомогти вам при замовленні страв у ресторані або купівлі продуктів у магазині.

Візьміть із собою в дорогу розмовник «Усе буде добре!» і ви отримаєте незамінного попутника, який допоможе вам знайти вихід із будь-якого становища і навчить не боятися спілкування з іноземцями.

ЗМІСТ

Вимова 5
Список скорочень 8
Англійський розмовник 11
Тематичний словник 75
Гастрономічний словник 195

T&P Books Publishing

ВИМОВА

Літера	Англійський приклад	Звук	Український приклад

Голосні

a	age	[eɪ]	басейн
a	bag	[æ]	пацієнт
a	car	[ɑː]	засув
a	care	[eə]	реанімація
e	meat	[iː]	фізик, теніс
e	pen	[e]	пекло, паралель
e	verb	[з]	сьогодні
e	here	[ɪə]	портьє
i	life	[aj]	знайти
i	sick	[ɪ]	вишивати
i	girl	[ø]	льох, сльоза
i	fire	[ajə]	папайя
o	rose	[əʊ]	неуважний
o	shop	[ɒ]	годинник
o	sport	[ɔː]	орбіта
o	ore	[ɔː]	орбіта
u	to include	[uː]	другий
u	sun	[ʌ]	засув
u	church	[з]	сьогодні
u	pure	[ʊə]	отруєння
y	to cry	[aj]	знайти
y	system	[ɪ]	вишивати
y	Lyre	[ajə]	папайя
y	party	[ɪ]	вишивати

Приголосні

b	bar	[b]	Берлін
c	city	[s]	скеля, засмага
c	clay	[k]	крісло, праска
d	day	[d]	дефіс
f	face	[f]	ефект, формула
g	geography	[ʤ]	джміль

Літера	Англійський приклад	Звук	Український приклад
g	glue	[g]	легені, геометрія
h	home	[h]	хвіст, хліб
j	joke	[ʤ]	джміль
k	king	[k]	крісло, праска
l	love	[l]	ластівка, журнал
m	milk	[m]	молитва, темний
n	nose	[n]	напис, нація
p	pencil	[p]	премія, пауза
q	queen	[k]	крісло, праска
r	rose	[r]	морква
s	sleep	[s]	скеля, засмага
s	please	[z]	зброя
s	pleasure	[ʒ]	огорожа
t	table	[t]	патент
v	velvet	[v]	вересень
w	winter	[w]	вересень
x	ox	[ks]	аксіома
x	exam	[gz]	буквосполучення 'гз'
z	azure	[ʒ]	огорожа
z	zebra	[z]	зброя

Буквосполучення

ch	China	[ʧ]	тисяча, вчора
ch	chemistry	[k]	крісло, праска
ch	machine	[ʃ]	шахтар
sh	ship	[ʃ]	шахтар
th	weather	[ð]	міжзубний звучний [з]
th	tooth	[θ]	міжзубний глухий [с]
ph	telephone	[f]	ефект, формула
ck	black	[k]	крісло, праска
ng	ring	[ŋ]	паркінг, гангстер
ng	English	[ŋ]	паркінг, гангстер
wh	white	[w]	вересень
wh	whole	[h]	хвіст, хліб
wr	wrong	[r]	морква
gh	enough	[f]	ефект, формула
gh	sign	[n]	напис, нація
kn	knife	[n]	напис, нація
qu	question	[kv]	морква, квартал
tch	catch	[ʧ]	тисяча, вчора
oo+k	book	[ʊ]	вулиця
oo+r	door	[ɔ:]	орбіта
ee	tree	[i:]	фізик, теніс
ou	house	[aʊ]	науковий
ou+r	our	[aʊə]	буквосполучення 'ауе'

Літера	Англійський приклад	Звук	Український приклад
ay	today	[eɪ]	басейн
ey	they	[eɪ]	басейн

СПИСОК СКОРОЧЕНЬ

УКРАЇНСЬКІ СКОРОЧЕННЯ

військ.	-	військовий термін
географ.	-	географічний термін
геом.	-	геометричний термін
електр.	-	електрика
ж	-	іменник, жіночий рід
жін.	-	жіночий
займ.	-	займенник
і т. ін.	-	і таке інше, тощо
кого-н.	-	кого-небудь
комп.	-	комп'ютерний термін
кому-н.	-	кому-небудь
лінгв.	-	лінгвістичний термін
літер.	-	літературний термін
матем.	-	математичний термін
мед.	-	медичний термін
мн	-	множина
муз.	-	музичний термін
напр.	-	наприклад
необчисл.	-	необчислюване
обчисл.	-	обчислюване
одн.	-	однина
перен.	-	переносне значення
прийм.	-	прийменник
реліг.	-	релігійний термін
с	-	середній рід
спол.	-	сполучник
спорт	-	спортивний термін
хок.	-	хокейний термін
ч	-	іменник, чоловічий рід
чол.	-	чоловічий
що-н.	-	що-небудь

АНГЛІЙСЬКІ СКОРОЧЕННЯ

v aux	-	допоміжне дієслово
vi	-	неперехідне дієслово

| vi, vt | - | неперехідне, перехідне дієслово |
| vt | - | перехідне дієслово |

АНГЛІЙСЬКИЙ РОЗМОВНИК

Цей розділ містить важливі фрази, які можуть стати в пригоді в різних життєвих ситуаціях. Розмовник допоможе вам запитати напрямок, уточнити ціну, купити квитки чи замовити страву в ресторані

T&P Books Publishing

ЗМІСТ РОЗМОВНИКА

Обов'язковий мінімум 14
Запитання 17
Потреби 18
Як спитати напрям 20
Написи. Вивіски 22
Транспорт. Загальні фрази 24
Купити квиток 26
Автобус 28
Поїзд 30
У поїзді. Діалог «Відсутність квитка» 31
Таксі 32
Готель 34
Ресторан 37
Покупки 39
У місті 41
Гроші 43

Час	45
Вітання. Знайомство	47
Прощання	49
Іноземна мова	51
Вибачення	52
Згода	53
Відмова. Вираз сумніву	54
Подяка	56
Привітання. Побажання	57
Спілкування	58
Обмін враженнями. Емоції	61
Проблеми. Пригоди	63
Проблеми зі здоров'ям	66
В аптеці	69
Обов'язковий мінімум	71

T&P Books Publishing

Вибачте, …	**Excuse me, …** [ɪkˈskjuːz miː, …]
Добрий день.	**Hello.** [həˈləʊ]
Дякую.	**Thank you.** [θæŋk ju]
До побачення.	**Good bye.** [gʊd baɪ]
Так.	**Yes.** [jes]
Ні.	**No.** [nəʊ]
Я не знаю.	**I don't know.** [aɪ dəʊnt nəʊ]
Де? | Куди? | Коли?	**Where? | Where to? | When?** [weə? | weə tuː? | wen?]

Мені потрібен …	**I need …** [aɪ niːd …]
Я хочу …	**I want …** [aɪ wɒnt …]
У вас є …?	**Do you have …?** [də ju hɛv …?]
Тут є …?	**Is there a … here?** [ɪz ðər ə … hɪə?]
Чи можна мені …?	**May I …?** [meɪ aɪ …?]
Будь ласка	**…, please** […, pliːz]

Я шукаю …	**I'm looking for …** [aɪm ˈlʊkɪŋ fə …]
туалет	**restroom** [ˈrestruːm]
банкомат	**ATM** [eɪtiːˈem]
аптеку	**pharmacy, drugstore** [ˈfɑːməsi, ˈdrʌgstɔː]
лікарню	**hospital** [ˈhɒspɪtl]
поліцейську дільницю	**police station** [pəˈliːs ˈsteɪʃn]
метро	**subway** [ˈsʌbweɪ]

| таксі | **taxi**
['tæksi] |
| вокзал | **train station**
[treɪn 'steɪʃn] |

Мене звуть ...	**My name is …** [maɪ 'neɪm ɪz …]
Як вас звуть?	**What's your name?** [wɒts jɔ: 'neɪm?]
Допоможіть мені, будь ласка.	**Could you please help me?** [kəd ju pli:z help mi:?]
У мене проблема.	**I've got a problem.** [av gɒt ə 'prɒbləm]
Мені погано.	**I don't feel well.** [aɪ dəʊnt fi:l wel]
Викличте швидку!	**Call an ambulance!** [kɔ:l ən 'æmbjələns!]
Чи можна мені зателефонувати?	**May I make a call?** [meɪ aɪ 'meɪk ə kɔ:l?]

| Прошу вибачення | **I'm sorry.**
[aɪm 'sɒri] |
| Прошу | **You're welcome.**
[juə 'welkəm] |

я	**I, me** [aɪ, mi]
ти	**you** [ju]
він	**he** [hi]
вона	**she** [ʃi]
вони	**they** [ðeɪ]
вони	**they** [ðeɪ]
ми	**we** [wi]
ви	**you** [ju]
Ви	**you** [ju]

ВХІД	**ENTRANCE** ['entrɑːns]
ВИХІД	**EXIT** ['eksɪt]
НЕ ПРАЦЮЄ	**OUT OF ORDER** [aʊt əv 'ɔːdə]
ЗАКРИТО	**CLOSED** [kləʊzd]

ВІДКРИТО	**OPEN** ['əʊpən]
ДЛЯ ЖІНОК	**FOR WOMEN** [fə 'wɪmɪn]
ДЛЯ ЧОЛОВІКІВ	**FOR MEN** [fə men]

Запитання

Де?	**Where?** [weə?]
Куди?	**Where to?** [weə tu:?]
Звідки?	**Where from?** [weə frɒm?]
Чому?	**Why?** [waɪ?]
Навіщо?	**Why?** [waɪ?]
Коли?	**When?** [wen?]

Скільки часу?	**How long?** [haʊ 'lɒŋ?]
О котрій?	**At what time?** [ət wɒt 'taɪm?]
Скільки коштує?	**How much?** [haʊ 'mʌtʃ?]
У вас є ...?	**Do you have ...?** [də ju hɛv ...?]
Де знаходиться ...?	**Where is ...?** [weə ɪz ...?]

Котра година?	**What time is it?** [wɒt taɪm ɪz ɪt?]
Чи можна мені зателефонувати?	**May I make a call?** [meɪ aɪ meɪk ə kɔ:l?]
Хто там?	**Who's there?** [hu:z ðeə?]
Чи можна мені тут палити?	**Can I smoke here?** [kən aɪ sməʊk hɪə?]
Чи можна мені ...?	**May I ...?** [meɪ aɪ ...?]

Потреби

Я б хотів ...
I'd like ...
[aɪd 'laɪk ...]

Я не хочу ...
I don't want ...
[aɪ dəʊnt wɒnt ...]

Я хочу пити.
I'm thirsty.
[aɪm 'θɜːsti]

Я хочу спати.
I want to sleep.
[aɪ wɒnt tə sliːp]

Я хочу ...
I want ...
[aɪ wɒnt ...]

вмитися
to wash up
[tə wɒʃ ʌp]

почистити зуби
to brush my teeth
[tə brʌʃ maɪ tiːθ]

трохи відпочити
to rest a while
[tə rest ə waɪl]

переодягнутися
to change my clothes
[tə tʃeɪndʒ maɪ kləʊðz]

повернутися в готель
to go back to the hotel
[tə gəʊ 'bæk tə ðə həʊ'tel]

купити ...
to buy ...
[tə baɪ ...]

з'їздити в ...
to go to ...
[tə gəʊ tə ...]

відвідати ...
to visit ...
[tə 'vɪzɪt ...]

зустрітися з ...
to meet with ...
[tə miːt wɪð ...]

зателефонувати
to make a call
[tə meɪk ə kɔːl]

Я втомився /втомилася/.
I'm tired.
[aɪm 'taɪəd]

Ми втомилися.
We are tired.
[wi ə 'taɪəd]

Мені холодно.
I'm cold.
[aɪm kəʊld]

Мені спекотно.
I'm hot.
[aɪm hɒt]

Мені нормально.
I'm OK.
[aɪm əʊ'keɪ]

Мені треба зателефонувати.

I need to make a call.
[aɪ niːd tə meɪk ə kɔːl]

Мені треба в туалет.

I need to go to the restroom.
[aɪ niːd tə gəʊ tə ðə ˈrestruːm]

Мені вже час.

I have to go.
[aɪ hɛv tə gəʊ]

Мушу вже йти.

I have to go now.
[aɪ hɛv tə gəʊ naʊ]

Як спитати напрям

Вибачте, ...	**Excuse me, ...** [ɪk'skjuːz miː, ...]
Де знаходиться ...?	**Where is ...?** [weə ɪz ...?]
В якому напрямку знаходиться ...?	**Which way is ...?** [wɪtʃ weɪ ɪz ...?]
Допоможіть мені, будь ласка.	**Could you help me, please?** [kəd ju help miː, pliːz?]

Я шукаю ...	**I'm looking for ...** [aɪm 'lʊkɪŋ fə ...]
Я шукаю вихід.	**I'm looking for the exit.** [aɪm 'lʊkɪŋ fə ði 'eksɪt]
Я їду в ...	**I'm going to ...** [aɪm 'gəʊɪŋ tə ...]
Чи правильно я йду ...?	**Am I going the right way to ...?** [əm aɪ 'gəʊɪŋ ðə raɪt 'weɪ tə ...?]

Це далеко?	**Is it far?** [ɪz ɪt fɑː?]
Чи дійду я туди пішки?	**Can I get there on foot?** [kən aɪ get ðər ɒn fʊt?]
Покажіть мені на карті, будь ласка.	**Can you show me on the map?** [kən ju ʃəʊ miː ɒn ðə mæp?]
Покажіть, де ми зараз.	**Show me where we are right now.** [ʃəʊ miː weə wi ə raɪt naʊ]

Тут	**Here** [hɪə]
Там	**There** [ðeə]
Сюди	**This way** [ðɪs weɪ]

Поверніть направо.	**Turn right.** [tɜːn raɪt]
Поверніть наліво.	**Turn left.** [tɜːn left]
перший (другий, третій) поворот	**first (second, third) turn** [fɜːst ('sekənd, θɜːd) tɜːn]
направо	**to the right** [tə ðə raɪt]

наліво

to the left
[tə ðə left]

Ідіть прямо.

Go straight.
[gəʊ streɪt]

Написи. Вивіски

ЛАСКАВО ПРОСИМО	**WELCOME!** ['welkəm!]
ВХІД	**ENTRANCE** ['entrɑːns]
ВИХІД	**EXIT** ['eksɪt]
ВІД СЕБЕ	**PUSH** [pʊʃ]
ДО СЕБЕ	**PULL** [pʊl]
ВІДКРИТО	**OPEN** ['əʊpən]
ЗАКРИТО	**CLOSED** [kləʊzd]
ДЛЯ ЖІНОК	**FOR WOMEN** [fə 'wɪmɪn]
ДЛЯ ЧОЛОВІКІВ	**FOR MEN** [fə men]
ЧОЛОВІЧИЙ ТУАЛЕТ	**MEN, GENTS** [men, dʒents]
ЖІНОЧИЙ ТУАЛЕТ	**WOMEN, LADIES** ['wɪmɪn, 'leɪdɪz]
ЗНИЖКИ	**DISCOUNTS** ['dɪskaʊnts]
РОЗПРОДАЖ	**SALE** [seɪl]
БЕЗКОШТОВНО	**FREE** [friː]
НОВИНКА!	**NEW!** [njuː!]
УВАГА!	**ATTENTION!** [ə'tenʃn!]
МІСЦЬ НЕМАЄ	**NO VACANCIES** [nəʊ 'veɪkənsɪz]
ЗАРЕЗЕРВОВАНО	**RESERVED** [rɪ'zɜːvd]
АДМІНІСТРАЦІЯ	**ADMINISTRATION** [ədmɪnɪ'streɪʃn]
ТІЛЬКИ ДЛЯ ПЕРСОНАЛУ	**STAFF ONLY** [stɑːf 'əʊnli]

ЗЛИЙ СОБАКА	**BEWARE OF THE DOG!** [bɪ'weər əv ðə dɒg!]
НЕ ПАЛИТИ!	**NO SMOKING!** [nəʊ 'sməʊkɪŋ!]
РУКАМИ НЕ ТОРКАТИСЯ!	**DO NOT TOUCH!** [də nɒt tʌtʃ!]
НЕБЕЗПЕЧНО	**DANGEROUS** ['deɪndʒərəs]
НЕБЕЗПЕКА	**DANGER** ['deɪndʒə]
ВИСОКА НАПРУГА	**HIGH VOLTAGE** [haɪ 'vəʊltɪdʒ]
КУПАТИСЯ ЗАБОРОНЕНО	**NO SWIMMING!** [nəʊ 'swɪmɪŋ!]

НЕ ПРАЦЮЄ	**OUT OF ORDER** [aʊt əv 'ɔːdə]
ВОГНЕНЕБЕЗПЕЧНО	**FLAMMABLE** ['flæməbl]
ЗАБОРОНЕНО	**FORBIDDEN** [fə'bɪdn]
ПРОХІД ЗАБОРОНЕНИЙ	**NO TRESPASSING!** [nəʊ 'trespəsɪŋ!]
ПОФАРБОВАНО	**WET PAINT** [wet peɪnt]

ЗАКРИТО НА РЕМОНТ	**CLOSED FOR RENOVATIONS** [kləʊzd fə renə'veɪʃnz]
РЕМОНТНІ РОБОТИ	**WORKS AHEAD** ['wɜːks ə'hed]
ОБ'ЇЗД	**DETOUR** ['diːtʊə]

Транспорт. Загальні фрази

літак	**plane** [pleɪn]
поїзд	**train** [treɪn]
автобус	**bus** [bʌs]
пором	**ferry** ['feri]
таксі	**taxi** ['tæksi]
автомобіль	**car** [kɑ:]

розклад	**schedule** ['ʃedju:l]
Де можна подивитися розклад?	**Where can I see the schedule?** [weə kən aɪ si: ðə 'ʃedju:l?]
робочі дні	**workdays** ['wɜ:kdeɪz]
вихідні дні	**weekends** [wi:k'endz]
святкові дні	**holidays** ['hɒlədeɪz]

ВІДПРАВЛЕННЯ	**DEPARTURE** [dɪ'pɑ:tʃə]
ПРИБУТТЯ	**ARRIVAL** [ə'raɪvl]
ЗАТРИМУЄТЬСЯ	**DELAYED** [dɪ'leɪd]
ВІДМІНЕНИЙ	**CANCELED** ['kænsəld]

наступний	**next** [nɛkst]
перший	**first** [fɜ:st]
останній	**last** [lɑ:st]

Коли буде наступний ...?	**When is the next ...?** [wen ɪz ðə nɛkst ...?]
Коли відправляється перший ...?	**When is the first ...?** [wen ɪz ðə fɜ:st ...?]

Коли відправляється останній ...?

When is the last ...?
[wen ɪz ðə lɑ:st ...?]

пересадка

transfer
['trænsfɜ:]

зробити пересадку

to make a transfer
[tə meɪk ə 'trænsfɜ:]

Чи потрібно мені робити пересадку?

Do I need to make a transfer?
[də aɪ ni:d tə meɪk ə 'trænsfɜ:?]

Купити квиток

Де я можу купити квитки?	**Where can I buy tickets?** [weə kən aɪ baɪ 'tɪkɪts?]
квиток	**ticket** ['tɪkɪt]
купити квиток	**to buy a ticket** [tə baɪ ə 'tɪkɪt]
вартість квитка	**ticket price** ['tɪkɪt praɪs]

Куди?	**Where to?** [weə tu:?]
До якої станції?	**To what station?** [tə wɒt steɪʃn?]
Мені потрібно ...	**I need …** [aɪ ni:d …]
один квиток	**one ticket** [wʌn 'tɪkɪt]
два квитки	**two tickets** [tu: 'tɪkɪts]
три квитки	**three tickets** [θri: 'tɪkɪts]

в один кінець	**one-way** [wʌn'weɪ]
туди і назад	**round-trip** [rɑ:wnd trɪp]
перший клас	**first class** [fɜ:st klɑ:s]
другий клас	**second class** ['sekənd klɑ:s]

сьогодні	**today** [tə'deɪ]
завтра	**tomorrow** [tə'mɒrəʊ]
післязавтра	**the day after tomorrow** [ðə deɪ 'ɑ:ftə tə'mɒrəʊ]
вранці	**in the morning** [ɪn ðə 'mɔ:nɪŋ]
вдень	**in the afternoon** [ɪn ði ɑ:ftə'nu:n]
ввечері	**in the evening** [ɪn ði 'i:vnɪŋ]

місце біля проходу	**aisle seat** [aɪl siːt]
місце біля вікна	**window seat** ['wɪndəʊ siːt]
Скільки?	**How much?** [haʊ mʌtʃ?]
Чи можу я заплатити карткою?	**Can I pay by credit card?** [kən aɪ peɪ baɪ 'kredɪt kɑːd?]

Автобус

автобус	**bus** [bʌs]
міжміський автобус	**intercity bus** [ɪntəˈsɪti bʌs]
автобусна зупинка	**bus stop** [bʌs stɒp]
Де найближча автобусна зупинка?	**Where's the nearest bus stop?** [weəz ðə ˈnɪərɪst bʌs stɒp?]

номер	**number** [ˈnʌmbə]
Який автобус їде до ...?	**Which bus do I take to get to ...?** [wɪtʃ bʌs də aɪ teɪk tə get tə ...?]
Цей автобус їде до ...?	**Does this bus go to ...?** [dəz ðɪs bʌs gəʊ tə ...?]
Як часто ходять автобуси?	**How frequent are the buses?** [haʊ frɪˈkwent ə ðə ˈbʌsɪz?]

кожні 15 хвилин	**every 15 minutes** [ˈevri fɪfˈtiːn ˈmɪnɪts]
щопівгодини	**every half hour** [ˈevri hɑːf ˈaʊə]
щогодини	**every hour** [ˈevri ˈaʊə]
кілька разів на день	**several times a day** [ˈsevrəl taɪmz ə deɪ]
... разів на день	**... times a day** [... taɪmz ə deɪ]

розклад	**schedule** [ˈʃedjuːl]
Де можна подивитися розклад?	**Where can I see the schedule?** [weə kən aɪ siː ðə ˈʃedjuːl?]
Коли буде наступний автобус?	**When is the next bus?** [wen ɪz ðə nɛkst bʌs?]
Коли відправляється перший автобус?	**When is the first bus?** [wen ɪz ðə fɜːst bʌs?]
Коли їде останній автобус?	**When is the last bus?** [wen ɪz ðə lɑːst bʌs?]

зупинка	**stop** [stɒp]
наступна зупинка	**next stop** [nɛkst stɒp]

кінцева зупинка

last stop
[lɑ:st stɒp]

Зупиніть тут, будь ласка.

Stop here, please.
[stɒp hɪə, pli:z]

Дозвольте, це моя зупинка.

Excuse me, this is my stop.
[ɪk'skju:z mi:, ðɪs ɪz maɪ stɒp]

Поїзд

поїзд	**train** [treɪn]
приміський поїзд	**suburban train** [sə'bɜːbən treɪn]
поїзд далекого прямування	**long-distance train** ['lɒŋdɪstəns treɪn]
вокзал	**train station** [treɪn steɪʃn]
Вибачте, де вихід до поїздів?	**Excuse me, where is the exit to the platform?** [ɪk'skjuːz miː, weə ɪz ði 'eksɪt tə ðə 'plætfɔːm?]

Цей поїзд їде до ...?	**Does this train go to ...?** [dəz ðɪs treɪn gəʊ tə ...?]
наступний поїзд	**next train** [nɛkst treɪn]
Коли буде наступний поїзд?	**When is the next train?** [wen ɪz ðə nɛkst treɪn?]
Де можна подивитися розклад?	**Where can I see the schedule?** [weə kən aɪ siː ðə 'ʃedjuːl?]
З якої платформи?	**From which platform?** [frəm wɪtʃ 'plætfɔːm?]
Коли поїзд прибуває в ...?	**When does the train arrive in ...?** [wen dəz ðə treɪn ə'raɪv ɪn ...?]

Допоможіть мені, будь ласка.	**Please help me.** [pliːz help miː]
Я шукаю своє місце.	**I'm looking for my seat.** [aɪm 'lʊkɪŋ fə maɪ siːt]
Ми шукаємо наші місця.	**We're looking for our seats.** [wɪə 'lʊkɪŋ fə 'aʊə siːts]
Моє місце зайняте.	**My seat is taken.** [maɪ siːt ɪs 'teɪkən]
Наші місця зайняті.	**Our seats are taken.** ['aʊə siːts ə 'teɪkən]

Вибачте, будь ласка, але це моє місце.	**I'm sorry but this is my seat.** [aɪm 'sɒri bət ðɪs ɪz maɪ siːt]
Це місце вільне?	**Is this seat taken?** [ɪz ðɪs siːt 'teɪkən?]
Можна мені тут сісти?	**May I sit here?** [meɪ aɪ sɪt hɪə?]

У поїзді. Діалог «Відсутність квитка»

Ваш квиток, будь ласка.	**Ticket, please.** ['tɪkɪt, pli:z]
У мене немає квитка.	**I don't have a ticket.** [aɪ dəʊnt hɛv ə 'tɪkɪt]
Я загубив /загубила/ свій квиток.	**I lost my ticket.** [aɪ lɒst maɪ 'tɪkɪt]
Я забув /забула/ квиток вдома.	**I forgot my ticket at home.** [aɪ fə'gɒt maɪ 'tɪkɪt ət həʊm]
Ви можете купити квиток у мене.	**You can buy a ticket from me.** [ju kən baɪ ə 'tɪkɪt frəm mi:]
Вам ще доведеться заплатити штраф.	**You will also have to pay a fine.** [ju wɪl 'ɔ:lsəʊ hɛv tə peɪ ə faɪn]
Добре.	**Okay.** [əʊ'keɪ]
Куди ви їдете?	**Where are you going?** [weər ə ju 'gəʊɪŋ?]
Я їду до ...	**I'm going to ...** [aɪm 'gəʊɪŋ tə ...]
Скільки? Я не розумію.	**How much? I don't understand.** [haʊ 'mʌtʃ? aɪ dəʊnt ʌndə'stænd]
Напишіть, будь ласка.	**Write it down, please.** ['raɪt ɪt daʊn, pli:z]
Добре. Чи можу я заплатити карткою?	**Okay. Can I pay with a credit card?** [əʊ'keɪ. kən aɪ peɪ wɪð ə 'kredɪt kɑ:d?]
Так, можете.	**Yes, you can.** [jes, ju kæn]
Ось ваша квитанція.	**Here's your receipt.** [hɪəz jɔ: rɪ'si:t]
Шкодую про штраф.	**Sorry about the fine.** ['sɒri ə'baʊt ðə faɪn]
Це нічого. Це моя вина.	**That's okay. It was my fault.** [ðæts əʊ'keɪ. ɪt wəz maɪ fɔ:t]
Приємної вам поїздки.	**Enjoy your trip.** [ɪn'dʒɔɪ jɔ: trɪp]

Таксі

таксі	**taxi** ['tæksi]
таксист	**taxi driver** ['tæksi 'draɪvə]
зловити таксі	**to catch a taxi** [tə kætʃ ə 'tæksi]
стоянка таксі	**taxi stand** ['tæksi stænd]
Де я можу взяти таксі?	**Where can I get a taxi?** [weə kən aɪ get ə 'tæksi?]
викликати таксі	**to call a taxi** [tə kɔːl ə 'tæksi]
Мені потрібно таксі.	**I need a taxi.** [aɪ niːd ə 'tæksi]
Просто зараз.	**Right now.** [raɪt naʊ]
Ваша адреса?	**What is your address (location)?** ['wɒts jɔːr ə'dres (ləʊ'keɪʃn)?]
Моя адреса ...	**My address is ...** [maɪ ə'dres ɪz ...]
Куди ви поїдете?	**Your destination?** [jɔː destɪ'neɪʃn?]
Вибачте, ...	**Excuse me, ...** [ɪk'skjuːz miː, ...]
Ви вільні?	**Are you available?** [ə ju ə'veɪləbl?]
Скільки коштує доїхати до ...?	**How much is it to get to ...?** [haʊ 'mʌtʃ ɪz ɪt tə get tə ...?]
Ви знаєте, де це?	**Do you know where it is?** [də ju nəʊ weər ɪt ɪz?]
В аеропорт, будь ласка.	**Airport, please.** ['eəpɔːt, pliːz]
Зупиніться тут, будь ласка.	**Stop here, please.** [stɒp hɪə, pliːz]
Це не тут.	**It's not here.** [ɪts nɒt hɪə]
Це неправильна адреса.	**This is the wrong address.** [ðɪs ɪz ðə rɒŋ ə'dres]
Зараз наліво.	**Turn left.** [tɜːn left]

Зараз направо.

Turn right.
[tɜ:n raɪt]

Скільки я вам винен?

How much do I owe you?
[haʊ 'mʌtʃ də aɪ əʊ ju?]

Дайте мені чек, будь ласка.

I'd like a receipt, please.
[aɪd laɪk ə rɪ'si:t, pli:z]

Здачі не треба.

Keep the change.
[ki:p ðə tʃeɪndʒ]

Зачекайте мене, будь ласка.

Would you please wait for me?
[wʊd ju pli:z weɪt fə mi:?]

5 хвилин

five minutes
[faɪv 'mɪnɪts]

10 хвилин

ten minutes
[ten 'mɪnɪts]

15 хвилин

fifteen minutes
[fɪf'ti:n 'mɪnɪts]

20 хвилин

twenty minutes
['twenti 'mɪnɪts]

півгодини

half an hour
[hɑ:f ən 'aʊə]

Готель

Добрий день.	**Hello.** [hə'ləʊ]
Мене звуть ...	**My name is ...** [maɪ neɪm ɪz ...]
Я резервував /резервувала/ номер.	**I have a reservation.** [aɪ hɛv ə rezə'veɪʃn]
Мені потрібен ...	**I need ...** [aɪ niːd ...]
одномісний номер	**a single room** [ə sɪŋgl ruːm]
двомісний номер	**a double room** [ə dʌbl ruːm]
Скільки він коштує?	**How much is that?** [haʊ 'mʌtʃ ɪz ðæt?]
Це трохи дорого.	**That's a bit expensive.** [ðæts ə bɪt ɪk'spensɪv]
У вас є ще що-небудь?	**Do you have anything else?** [du ju: hæv 'enɪθɪŋ els?]
Я візьму його.	**I'll take it.** [aɪl teɪk ɪt]
Я заплачу готівкою.	**I'll pay in cash.** [aɪl peɪ ɪn kæʃ]
У мене є проблема.	**I've got a problem.** [aɪv gɒt ə 'prɒbləm]
Мій ... зламаний.	**My ... is broken.** [maɪ ... ɪz 'brəʊkən]
У мене не працює ...	**My ... is out of order.** [maɪ ... ɪz aʊt əv 'ɔːdə]
телевізор	**TV** [tiː'viː]
кондиціонер	**air conditioner** [eə kən'dɪʃənə]
кран	**tap** [tæp]
душ	**shower** ['ʃaʊə]
раковина	**sink** [sɪŋk]
сейф	**safe** [seɪf]

замок	**door lock** [dɔː lɒk]
розетка	**electrical outlet** [ɪ'lektrɪkl 'aʊtlet]
фен	**hairdryer** ['heədraɪə]

У мене немає ...	**I don't have ...** [aɪ 'dəʊnt hɛv ...]
води	**water** ['wɔːtə]
світла	**light** [laɪt]
електрики	**electricity** [ɪlek'trɪsɪti]

Чи не можете мені дати ...?	**Can you give me ...?** [kən ju gɪv miː ...?]
рушник	**a towel** [ə 'taʊəl]
ковдру	**a blanket** [ə 'blæŋkɪt]
тапочки	**slippers** ['slɪpəz]
халат	**a robe** [ə rəʊb]
шампунь	**shampoo** [ʃæm'puː]
мило	**soap** [səʊp]

Я б хотів поміняти номер.	**I'd like to change rooms.** [aɪd laɪk tə tʃeɪndʒ ruːmz]
Я не можу знайти свій ключ.	**I can't find my key.** [aɪ kɑːnt faɪnd maɪ kiː]
Відкрийте мій номер, будь ласка.	**Could you open my room, please?** [kəd ju 'əʊpən maɪ ruːm, pliːz?]
Хто там?	**Who's there?** [huːz ðeə?]
Заходьте!	**Come in!** [kʌm 'ɪn!]
Одну хвилину!	**Just a minute!** [dʒəst ə 'mɪnɪt!]
Будь ласка, не зараз.	**Not right now, please.** [nɒt raɪt naʊ, pliːz]

Зайдіть до мене, будь ласка.	**Come to my room, please.** [kʌm tə maɪ ruːm, pliːz]
Я хочу зробити замовлення їжі в номер.	**I'd like to order food service.** [aɪd laɪk tu 'ɔːdə fuːd 'sɜːvɪs]
Мій номер кімнати ...	**My room number is ...** [maɪ ruːm 'nʌmbə iz ...]

Я їду ...

I'm leaving ...
[aɪm 'li:vɪŋ ...]

Ми їдемо ...

We're leaving ...
[wɪə 'li:vɪŋ ...]

зараз

right now
[raɪt naʊ]

сьогодні після обіду

this afternoon
[ðɪs ɑ:ftə'nu:n]

сьогодні ввечері

tonight
[tə'naɪt]

завтра

tomorrow
[tə'mɒrəʊ]

завтра вранці

tomorrow morning
[tə'mɒrəʊ 'mɔ:nɪŋ]

завтра ввечері

tomorrow evening
[tə'mɒrəʊ 'i:vnɪŋ]

післязавтра

the day after tomorrow
[ðə deɪ 'ɑ:ftə tə'mɒrəʊ]

Я б хотів розрахуватися.

I'd like to pay.
[aɪd 'laɪk tə peɪ]

Все було чудово.

Everything was wonderful.
['evrɪθɪŋ wəz 'wʌndəfəl]

Де я можу взяти таксі?

Where can I get a taxi?
[weə kən aɪ get ə 'tæksi?]

Викличте мені таксі, будь ласка.

Would you call a taxi for me, please?
[wʊd ju kɔ:l ə 'tæksi fə mi:, pli:z?]

Ресторан

Чи можу я подивитися ваше меню?
Can I look at the menu, please?
[kən aɪ lʊk ət ðə 'menju:, pli:z?]

Столик для одного.
Table for one.
['teɪbl fə wʌn]

Нас двоє (троє, четверо).
There are two (three, four) of us.
[ðər ə tu: (θri:, fɔ:r) əv'ʌs]

Для курців
Smoking
['sməʊkɪŋ]

Для некурців
No smoking
[nəʊ 'sməʊkɪŋ]

Будьте ласкаві!
Excuse me!
[ɪk'skju:z mi:!]

меню
menu
['menju:]

карта вин
wine list
[waɪn lɪst]

Меню, будь ласка.
The menu, please.
[ðə 'menju:, pli:z]

Ви готові зробити замовлення?
Are you ready to order?
[ə ju 'redi tu 'ɔ:də?]

Що ви будете замовляти?
What will you have?
[wɒt wɪl ju hæv?]

Я буду ...
I'll have ...
[aɪl hɛv ...]

Я вегетаріанець.
I'm a vegetarian.
[aɪm ə vedʒɪ'teərɪən]

м'ясо
meat
[mi:t]

риба
fish
[fɪʃ]

овочі
vegetables
['vedʒɪtəblz]

У вас є вегетаріанські страви?
Do you have vegetarian dishes?
[də ju hɛv vedʒɪ'teərɪən 'dɪʃɪz?]

Я не їм свинину.
I don't eat pork.
[aɪ dəʊnt i:t pɔ:k]

Він /вона/ не їсть м'ясо.
He /she/ doesn't eat meat.
[hi /ʃi/ 'dʌznt i:t mi:t]

У мене алергія на ...
I am allergic to ...
[aɪ əm ə'lɜ:dʒɪk tə ...]

Принесіть мені, будь ласка ...

Would you please bring me ...
[wʊd ju pliːz brɪŋ miː ...]

сіль | перець | цукор

salt | pepper | sugar
[sɔːlt | 'pepə | 'ʃʊgə]

каву | чай | десерт

coffee | tea | dessert
['kɒfi | tiː | dɪ'zɜːt]

воду | з газом | без газу

water | sparkling | plain
['wɔːtə | 'spɑːklɪŋ | pleɪn]

ложку | вилку | ніж

spoon | fork | knife
[spuːn | fɔːk | naɪf]

тарілку | серветку

plate | napkin
[pleɪt | 'næpkɪn]

Смачного!

Enjoy your meal!
[ɪn'dʒɔɪ jɔː miːl!]

Принесіть ще, будь ласка.

One more, please.
[wʌn mɔː, pliːz]

Було дуже смачно.

It was very delicious.
[ɪt wəz 'veri dɪ'lɪʃəs]

рахунок | здача | чайові

check | change | tip
[tʃek | tʃeɪndʒ | tɪp]

Рахунок, будь ласка.

Check, please.
[tʃek, pliːz]

Чи можу я заплатити карткою?

Can I pay by credit card?
[kən aɪ peɪ baɪ 'kredɪt kɑːd?]

Вибачте, тут помилка.

I'm sorry, there's a mistake here.
[aɪm 'sɒri, ðeəz ə mɪ'steɪk hɪə]

Покупки

Чи можу я вам допомогти?	**Can I help you?** [kən aɪ help ju?]
У вас є …?	**Do you have …?** [də ju hɛv …?]
Я шукаю …	**I'm looking for …** [aɪm 'lʊkɪŋ fə …]
Мені потрібен …	**I need …** [aɪ niːd …]

Я просто дивлюся.	**I'm just looking.** [aɪm dʒəst 'lʊkɪŋ]
Ми просто дивимося.	**We're just looking.** [wɪə dʒəst 'lʊkɪŋ]
Я зайду пізніше.	**I'll come back later.** [aɪl kʌm bæk 'leɪtə]
Ми зайдемо пізніше.	**We'll come back later.** [wil kʌm bæk 'leɪtə]
знижки | розпродаж	**discounts | sale** [dɪs'kaʊnts | seɪl]

Покажіть мені, будь ласка …	**Would you please show me …** [wʊd ju pliːz ʃəʊ miː …]
Дайте мені, будь ласка …	**Would you please give me …** [wʊd ju pliːz gɪv miː …]
Чи можна мені це приміряти?	**Can I try it on?** [kən aɪ traɪ ɪt ɒn?]
Вибачте, де примірювальна?	**Excuse me, where's the fitting room?** [ɪk'skjuːz miː, weəz ðə 'fɪtɪŋ ruːm?]
Який колір ви хочете?	**Which color would you like?** [wɪtʃ 'kʌlər wʊd ju 'laɪk?]
розмір | зріст	**size | length** [saɪz | leŋθ]
Підійшло?	**How does it fit?** [haʊ dəz ɪt fɪt?]

Скільки це коштує?	**How much is it?** [haʊ 'mʌtʃ ɪz ɪt?]
Це занадто дорого.	**That's too expensive.** [ðæts tuː ɪk'spensɪv]
Я візьму це.	**I'll take it.** [aɪl teɪk ɪt]
Вибачте, де каса?	**Excuse me, where do I pay?** [ɪk'skjuːz miː, weə də aɪ peɪ?]

Як ви будете платити? Готівкою чи кредиткою?	**Will you pay in cash or credit card?** [wɪl ju peɪ ɪn kæʃ ɔː 'kredɪt kɑːd?]
готівкою	карткою	**In cash	with credit card** [ɪn kæʃ	wɪð 'kredɪt kɑːd]

Вам потрібен чек?	**Do you want the receipt?** [də ju wɒnt ðə rɪ'siːt?]
Так, будьте ласкаві.	**Yes, please.** [jes, pliːz]
Ні, не потрібно. Дякую.	**No, it's OK.** [nəʊ, ɪts əʊ'keɪ]
Дякую. На все добре!	**Thank you. Have a nice day!** [θæŋk ju. hɛv ə naɪs deɪ!]

У місті

Вибачте, будь ласка …	**Excuse me, please.** [ɪk'skjuːz miː, pliːz]
Я шукаю …	**I'm looking for …** [aɪm 'lʊkɪŋ fə …]
метро	**the subway** [ðə 'sʌbweɪ]
свій готель	**my hotel** [maɪ həʊ'tel]
кінотеатр	**the movie theater** [ðə 'muːvi 'θiːətə]
стоянку таксі	**a taxi stand** [ə 'tæksi stænd]
банкомат	**an ATM** [ən eɪtiː'em]
обмін валют	**a foreign exchange office** [ə 'fɒrən ɪk'stʃeɪndʒ 'ɒfɪs]
інтернет-кафе	**an internet café** [ən 'ɪntənet 'kæfeɪ]
вулицю …	**… street** [… striːt]
ось це місце	**this place** [ðɪs 'pleɪs]
Чи не знаєте Ви, де знаходиться …?	**Do you know where … is?** [də ju nəʊ weə … ɪz?]
Як називається ця вулиця?	**Which street is this?** [wɪtʃ striːt ɪs ðɪs?]
Покажіть, де ми зараз.	**Show me where we are right now.** [ʃəʊ miː weə wi ə raɪt naʊ]
Я дійду туди пішки?	**Can I get there on foot?** [kən aɪ get ðər ɒn fʊt?]
У вас є карта міста?	**Do you have a map of the city?** [də ju hɛv ə mæp əv ðə 'sɪti?]
Скільки коштує вхідний квиток?	**How much is a ticket to get in?** [haʊ 'mʌtʃ ɪz ə 'tɪkɪt tə get ɪn?]
Чи можна тут фотографувати?	**Can I take pictures here?** [kən aɪ teɪk 'pɪktʃəz hɪə?]
Ви відкриті?	**Are you open?** [ə ju 'əʊpən?]

О котрій ви відкриваєтесь?

When do you open?
[wen də ju ˈəʊpən?]

До котрої години ви працюєте?

When do you close?
[wen də ju kləʊz?]

Гроші

гроші	**money** ['mʌni]
готівкові гроші	**cash** [kæʃ]
паперові гроші	**paper money** ['peɪpə 'mʌni]
дрібні гроші	**loose change** [lu:s tʃeɪndʒ]
рахунок | здача | чайові	**check | change | tip** [tʃek | tʃeɪndʒ | tɪp]

кредитна картка	**credit card** ['kredɪt kɑ:d]
гаманець	**wallet** ['wɒlɪt]
купувати	**to buy** [tə baɪ]
платити	**to pay** [tə peɪ]
штраф	**fine** [faɪn]
безкоштовно	**free** [fri:]

Де я можу купити …?	**Where can I buy …?** [weə kən aɪ baɪ …?]
Чи відкритий зараз банк?	**Is the bank open now?** [ɪz ðə bæŋk 'əʊpən naʊ?]
О котрій він відкривається?	**When does it open?** [wen dəz ɪt 'əʊpən?]
До котрої години він працює?	**When does it close?** [wen dəz ɪt kləʊz?]

Скільки?	**How much?** [haʊ 'mʌtʃ?]
Скільки це коштує?	**How much is this?** [haʊ 'mʌtʃ ɪz ðɪs?]
Це занадто дорого.	**That's too expensive.** [ðæts tu: ɪk'spensɪv]

Вибачте, де каса?	**Excuse me, where do I pay?** [ɪk'skju:z mi:, weə də aɪ peɪ?]
Рахунок, будь ласка.	**Check, please.** [tʃek, pli:z]

Чи можу я заплатити карткою?

Can I pay by credit card?
[kən aɪ peɪ baɪ 'kredɪt kɑːd?]

Тут є банкомат?

Is there an ATM here?
[ɪz ðər ən eɪtiːˈem hɪə?]

Мені потрібен банкомат.

I'm looking for an ATM.
[aɪm ˈlʊkɪŋ fər ən eɪtiːˈem]

Я шукаю обмін валют.

I'm looking for a foreign exchange office.
[aɪm ˈlʊkɪŋ fər ə ˈfɒrən ɪkˈstʃeɪndʒ ˈɒfɪs]

Я б хотів поміняти ...

I'd like to change ...
[aɪd laɪk tə tʃeɪndʒ ...]

Який курс обміну?

What is the exchange rate?
[wɒts ði ɪkˈstʃeɪndʒ reɪt?]

Вам потрібен мій паспорт?

Do you need my passport?
[də ju niːd maɪ ˈpɑːspɔːt?]

Час

Котра година?	**What time is it?** [wɒt taɪm ɪz ɪt?]
Коли?	**When?** [wen?]
О котрій?	**At what time?** [ət wɒt taɪm?]
зараз | пізніше | після ...	**now | later | after …** [naʊ | 'leɪtə | 'ɑ:ftə …]

перша година дня	**one o'clock** [wʌn ə'klɒk]
п'ятнадцять на другу	**one fifteen** [wʌn fɪf'ti:n]
половина другої	**one thirty** [wʌn 'θɜ:ti]
за п'ятнадцять друга	**one forty-five** [wʌn 'fɔ:ti faɪv]

один | два | три	**one | two | three** [wʌn | tu: | θri:]
чотири | п'ять | шість	**four | five | six** [fɔ: | faɪv | sɪks]
сім | вісім | дев'ять	**seven | eight | nine** [sevn | eɪt | naɪn]
десять | одинадцять | дванадцять	**ten | eleven | twelve** [ten | ɪ'levn | twelv]

через ...	**in …** [ɪn …]
5 хвилин	**five minutes** [faɪv 'mɪnɪts]
10 хвилин	**ten minutes** [ten 'mɪnɪts]
15 хвилин	**fifteen minutes** [fɪf'ti:n 'mɪnɪts]

20 хвилин	**twenty minutes** ['twenti 'mɪnɪts]
півгодини	**half an hour** [hɑ:f ən 'aʊə]
одна година	**an hour** [ən 'aʊə]

вранці	**in the morning** [ɪn ðə 'mɔːnɪŋ]
рано вранці	**early in the morning** ['ɜːli ɪn ðə 'mɔːnɪŋ]
сьогодні вранці	**this morning** [ðɪs 'mɔːnɪŋ]
завтра вранці	**tomorrow morning** [tə'mɒrəʊ 'mɔːnɪŋ]

в обід	**at noon** [ət nuːn]
після обіду	**in the afternoon** [ɪn ði ɑːftə'nuːn]
ввечері	**in the evening** [ɪn ði 'iːvnɪŋ]
сьогодні ввечері	**tonight** [tə'naɪt]

вночі	**at night** [ət naɪt]
вчора	**yesterday** ['jestədi]
сьогодні	**today** [tə'deɪ]
завтра	**tomorrow** [tə'mɒrəʊ]
післязавтра	**the day after tomorrow** [ðə deɪ 'ɑːftə tə'mɒrəʊ]

Який сьогодні день?	**What day is it today?** [wɒt deɪ ɪz ɪt tə'deɪ?]
Сьогодні ...	**It's ...** [ɪts ...]
понеділок	**Monday** ['mʌndɪ]
вівторок	**Tuesday** ['tjuːzdi]
середа	**Wednesday** ['wenzdɪ]

четвер	**Thursday** ['θɜːzdɪ]
п'ятниця	**Friday** ['fraɪdɪ]
субота	**Saturday** ['sætədɪ]
неділя	**Sunday** ['sʌndɪ]

Вітання. Знайомство

Добрий день.	**Hello.** [həˈləʊ]
Радий /рада/ з вами познайомитися.	**Pleased to meet you.** [pliːzd tə miːt ju]
Я теж.	**Me too.** [miː tuː]
Знайомтеся. Це ...	**I'd like you to meet ...** [aɪd laɪk ju tə miːt ...]
Дуже приємно.	**Nice to meet you.** [naɪs tə miːt ju]
Як ви? Як у вас справи?	**How are you?** [haʊ ə ju?]
Мене звуть ...	**My name is ...** [maɪ neɪm ɪz ...]
Його звуть ...	**His name is ...** [hɪz neɪm ɪz ...]
Її звуть ...	**Her name is ...** [hə neɪm ɪz ...]
Як вас звуть?	**What's your name?** [wɒts jɔː neɪm?]
Як його звуть?	**What's his name?** [wɒts ɪz neɪm?]
Як її звуть?	**What's her name?** [wɒts hə neɪm?]
Яке ваше прізвище?	**What's your last name?** [wɒts jɔː lɑːst neɪm?]
Називайте мене ...	**You can call me ...** [ju kən kɔːl miː ...]
Звідки ви?	**Where are you from?** [weər ə ju frɒm?]
Я з ...	**I'm from ...** [aɪm frəm ...]
Ким ви працюєте?	**What do you do for a living?** [wɒt də ju də fər ə ˈlɪvɪŋ?]
Хто це?	**Who is this?** [hu: ɪz ðɪs?]
Хто він?	**Who is he?** [hu: ɪz hi?]
Хто вона?	**Who is she?** [hu: ɪz ʃi?]
Хто вони?	**Who are they?** [hu: ə ðeɪ?]

Це ...	**This is ...** [ðɪs ɪz ...]
мій друг	**my friend** [maɪ frend]
моя подруга	**my friend** [maɪ frend]
мій чоловік	**my husband** [maɪ 'hʌzbənd]
моя дружина	**my wife** [maɪ waɪf]
мій батько	**my father** [maɪ 'fɑːðə]
моя мама	**my mother** [maɪ 'mʌðə]
мій брат	**my brother** [maɪ 'brʌðə]
моя сестра	**my sister** [maɪ 'sɪstə]
мій син	**my son** [maɪ sʌn]
моя дочка	**my daughter** [maɪ 'dɔːtə]
Це наш син.	**This is our son.** [ðɪs ɪz 'aʊə sʌn]
Це наша дочка.	**This is our daughter.** [ðɪs ɪz 'aʊə 'dɔːtə]
Це мої діти.	**These are my children.** [ðiːz ə maɪ 'tʃɪldrən]
Це наші діти.	**These are our children.** [ðiːz ə 'aʊə 'tʃɪldrən]

Прощання

До побачення!	**Good bye!** [gʊd baɪ!]
Бувай!	**Bye!** [baɪ!]
До завтра.	**See you tomorrow.** [siː ju təˈmɒrəʊ]
До зустрічі.	**See you soon.** [siː ju suːn]
Зустрінемось о сьомій.	**See you at seven.** [siː ju ət sevn]
Розважайтеся!	**Have fun!** [hɛv fʌn!]
Поговоримо пізніше.	**Talk to you later.** [tɔːk tə ju ˈleɪtə]
Вдалих вихідних.	**Have a nice weekend.** [hɛv ə naɪs wiːkˈend]
На добраніч.	**Good night.** [gʊd naɪt]
Мені вже час.	**It's time for me to go.** [ɪts taɪm fə miː tə gəʊ]
Мушу йти.	**I have to go.** [aɪ hɛv tə gəʊ]
Я зараз повернусь.	**I will be right back.** [aɪ wɪl bi raɪt bæk]
Вже пізно.	**It's late.** [ɪts leɪt]
Мені рано вставати.	**I have to get up early.** [aɪ hɛv tə get ˈʌp ˈɜːli]
Я завтра від'їжджаю.	**I'm leaving tomorrow.** [aɪm ˈliːvɪŋ təˈmɒrəʊ]
Ми завтра від'їжджаємо.	**We're leaving tomorrow.** [wɪə ˈliːvɪŋ təˈmɒrəʊ]
Щасливої поїздки!	**Have a nice trip!** [hɛv ə naɪs trɪp!]
Було приємно з вами познайомитися.	**It was nice meeting you.** [ɪt wəz naɪs ˈmiːtɪŋ ju]
Було приємно з вами поспілкуватися.	**It was nice talking to you.** [ɪt wəz naɪs ˈtɔːkɪŋ tə ju]
Дякую за все.	**Thanks for everything.** [θæŋks fər ˈevrɪθɪŋ]

Я чудово провів /провела/ час.

I had a very good time.
[aɪ həd ə 'veri ɡʊd taɪm]

Ми чудово провели час.

We had a very good time.
[wi həd ə 'veri ɡʊd taɪm]

Все було чудово.

It was really great.
[ɪt wəz 'rɪəli ɡreɪt]

Я буду сумувати.

I'm going to miss you.
[aɪm 'ɡəʊɪŋ tə mɪs ju]

Ми будемо сумувати.

We're going to miss you.
[wɪə 'ɡəʊɪŋ tə mɪs ju]

Успіхів! Щасливо!

Good luck!
[ɡʊd lʌk!]

Передавайте вітання ...

Say hi to ...
[seɪ haɪ tə ...]

Іноземна мова

Я не розумію.	**I don't understand.** [aɪ dəʊnt ʌndəˈstænd]
Напишіть це, будь ласка.	**Write it down, please.** [raɪt ɪt daʊn, pliːz]
Ви знаєте …?	**Do you speak …?** [də ju spiːk …?]

Я трохи знаю …	**I speak a little bit of …** [aɪ spiːk ə lɪtl bɪt əv …]
англійська	**English** [ˈɪŋglɪʃ]
турецька	**Turkish** [ˈtɜːkɪʃ]
арабська	**Arabic** [ˈærəbɪk]
французька	**French** [frentʃ]

німецька	**German** [ˈdʒɜːmən]
італійська	**Italian** [ɪˈtæljən]
іспанська	**Spanish** [ˈspænɪʃ]
португальська	**Portuguese** [pɔːtʃʊˈgiːz]
китайська	**Chinese** [tʃaɪˈniːz]
японська	**Japanese** [dʒæpəˈniːz]

Повторіть, будь ласка.	**Can you repeat that, please.** [kən ju rɪˈpiːt ðæt, pliːz]
Я розумію.	**I understand.** [aɪ ʌndəˈstænd]
Я не розумію.	**I don't understand.** [aɪ dəʊnt ʌndəˈstænd]
Говоріть повільніше, будь ласка.	**Please speak more slowly.** [pliːz spiːk mɔː ˈsləʊli]

Це правильно?	**Is that correct?** [ɪz ðət kəˈrekt?]
Що це?	**What is this?** [wɒts ðɪs?]

Вибачення

Вибачте, будь ласка.	**Excuse me, please.** [ɪkˈskjuːz miː, pliːz]
Мені шкода.	**I'm sorry.** [aɪm ˈsɒri]
Мені дуже шкода.	**I'm really sorry.** [aɪm ˈrɪəli ˈsɒri]
Винен /Винна/, це моя вина.	**Sorry, it's my fault.** [ˈsɒri, ɪts maɪ fɔːt]
Моя помилка.	**My mistake.** [maɪ mɪˈsteɪk]

Чи можу я ...?	**May I ...?** [meɪ aɪ ...?]
Ви не заперечуватимете, якщо я ...?	**Do you mind if I ...?** [də ju maɪnd ɪf aɪ ...?]
Нічого страшного.	**It's OK.** [ɪts əʊˈkeɪ]
Все гаразд.	**It's all right.** [ɪts ɔːl raɪt]
Не турбуйтесь.	**Don't worry about it.** [dəʊnt ˈwʌri əˈbaʊt ɪt]

Згода

Так.	**Yes.** [jes]
Так, звичайно.	**Yes, sure.** [jes, ʃʊə]
Добре!	**OK (Good!)** [əʊ'keɪ (gʊd!)]
Дуже добре.	**Very well.** ['veri wel]
Звичайно!	**Certainly!** ['sɜ:tnli!]
Я згідний.	**I agree.** [aɪ ə'gri:]

Вірно.	**That's correct.** [ðæts kə'rekt]
Правильно.	**That's right.** [ðæts raɪt]
Ви праві.	**You're right.** [jʊə raɪt]
Я не заперечую.	**I don't mind.** [aɪ dəʊnt maɪnd]
Абсолютно вірно.	**Absolutely right.** ['æbsəlu:tli raɪt]

Це можливо.	**It's possible.** [ɪts 'pɒsəbl]
Це гарна думка.	**That's a good idea.** [ðæts ə gʊd aɪ'dɪə]
Не можу відмовити.	**I can't say no.** [aɪ kɑ:nt 'seɪ nəʊ]
Буду радий /рада/.	**I'd be happy to.** [aɪd bi 'hæpi tu:]
Із задоволенням.	**With pleasure.** [wɪð 'pleʒə]

Відмова. Вираз сумніву

Ні.
No.
[nəʊ]

Звичайно, ні.
Certainly not.
['sɜ:tnli nɒt]

Я не згідний.
I don't agree.
[aɪ dəʊnt ə'gri:]

Я так не думаю.
I don't think so.
[aɪ dəʊnt 'θɪŋk 'səʊ]

Це неправда.
It's not true.
[ɪts nɒt tru:]

Ви неправі.
You are wrong.
[ju ə rɒŋ]

Я думаю, що ви неправі.
I think you are wrong.
[aɪ θɪŋk ju ə rɒŋ]

Не впевнений /впевнена/.
I'm not sure.
[aɪm nɒt ʃʊə]

Це неможливо.
It's impossible.
[ɪts ɪm'pɒsəbl]

Нічого подібного!
No way!
[nəʊ 'weɪ!]

Навпаки!
The exact opposite.
[ði ɪg'zækt 'ɒpəzɪt]

Я проти.
I'm against it.
[aɪm ə'genst ɪt]

Мені все одно.
I don't care.
[aɪ dəʊnt 'keə]

Гадки не маю.
I have no idea.
[aɪ hɛv nəʊ aɪ'dɪə]

Сумніваюся, що це так.
I doubt that.
[aɪ daʊt ðɛt]

Вибачте, я не можу.
Sorry, I can't.
['sɒri, aɪ kɑ:nt]

Вибачте, я не хочу.
Sorry, I don't want to.
['sɒri, aɪ dəʊnt wɒnt tu:]

Дякую, мені це не потрібно.
Thank you, but I don't need this.
[θæŋk ju, bət aɪ dəʊnt ni:d ðɪs]

Вже пізно.
It's late.
[ɪts leɪt]

Мені рано вставати.

I have to get up early.
[aɪ hɛv tə get ˈʌp ˈɜ:li]

Я погано себе почуваю.

I don't feel well.
[aɪ dəʊnt fi:l wel]

Подяка

Дякую.	**Thank you.** [θæŋk ju]
Дуже дякую.	**Thank you very much.** [θæŋk ju 'veri 'mʌtʃ]
Дуже вдячний.	**I really appreciate it.** [aɪ 'rɪəli ə'priːʃieɪt ɪt]
Я вам вдячний /вдячна/.	**I'm really grateful to you.** [aɪm 'rɪəli 'greɪtfəl tə ju]
Ми Вам вдячні.	**We are really grateful to you.** [wi ə 'rɪəli 'greɪtfəl tə ju]
Дякую, що витратили час.	**Thank you for your time.** [θæŋk ju fə jɔː taɪm]
Дякую за все.	**Thanks for everything.** [θæŋks fər 'evrɪθɪŋ]
Дякую за …	**Thank you for …** [θæŋk ju fə …]
вашу допомогу	**your help** [jɔː help]
гарний час	**a nice time** [ə naɪs taɪm]
чудову їжу	**a wonderful meal** [ə 'wʌndəfəl miːl]
приємний вечір	**a pleasant evening** [ə pleznt 'iːvnɪŋ]
чудовий день	**a wonderful day** [ə 'wʌndəfəl deɪ]
цікаву екскурсію	**an amazing journey** [ən ə'meɪzɪŋ 'dʒɜːni]
Нема за що.	**Don't mention it.** [dəʊnt menʃn ɪt]
Не варто дякувати.	**You are welcome.** [ju ə 'welkəm]
Завжди будь ласка.	**Any time.** ['eni taɪm]
Був радий /Була рада/ допомогти.	**My pleasure.** [maɪ 'pleʒə]
Забудьте. Все гаразд.	**Forget it. It's alright.** [fə'get ɪt. its əlraɪt]
Не турбуйтесь.	**Don't worry about it.** [dəʊnt 'wʌri ə'baʊt ɪt]

Привітання. Побажання

Вітаю!

Congratulations!
[kən'grætu'leɪʃnz!]

З Днем народження!

Happy birthday!
['hæpi 'bɜːθdeɪ!]

Веселого Різдва!

Merry Christmas!
['meri 'krɪsməs!]

З Новим роком!

Happy New Year!
['hæpi nju: 'jiə!]

Зі Світлим Великоднем!

Happy Easter!
['hæpi 'i:stə!]

Щасливої Хануки!

Happy Hanukkah!
['hæpi 'hɑːnəkə!]

У мене є тост.

I'd like to propose a toast.
[aɪd laɪk tə prə'pəuz ə təust]

За ваше здоров'я!

Cheers!
[ʧɪəz!]

Вип'ємо за ...!

Let's drink to ...!
[lets drɪŋk tə ...!]

За наш успіх!

To our success!
[tu 'auə sək'ses!]

За ваш успіх!

To your success!
[tə jɔ: sək'ses!]

Успіхів!

Good luck!
[gud lʌk!]

Гарного вам дня!

Have a nice day!
[hɛv ə naɪs deɪ!]

Гарного вам відпочинку!

Have a good holiday!
[hɛv ə gud 'hɒlədeɪ!]

Вдалої поїздки!

Have a safe journey!
[hɛv ə seɪf 'dʒɜːni!]

Бажаю вам швидкого одужання!

I hope you get better soon!
[aɪ həup ju get 'betə su:n!]

Спілкування

Чому ви засмучені?
Why are you sad?
[waɪ ə ju sæd?]

Посміхніться!
Smile!
[smaɪl!]

Ви не зайняті сьогодні ввечері?
Are you free tonight?
[ə ju fri: təˈnaɪt?]

Чи можу я запропонувати вам випити?
May I offer you a drink?
[meɪ aɪ ˈɒfə ju ə drɪŋk?]

Чи не хочете потанцювати?
Would you like to dance?
[wʊd ju laɪk tə dɑːns?]

Може сходимо в кіно?
Let's go to the movies.
[lets gəʊ tə ðə ˈmuːvɪz]

Чи можна запросити вас в ...?
May I invite you to ...?
[meɪ aɪ ɪnˈvaɪt ju tə ...?]

ресторан
a restaurant
[ə ˈrestrɒnt]

кіно
the movies
[ðə ˈmuːvɪz]

театр
the theater
[ðə ˈθiːətə]

на прогулянку
go for a walk
[gəʊ fər ə wɔːk]

О котрій?
At what time?
[ət wɒt taɪm?]

сьогодні ввечері
tonight
[təˈnaɪt]

о 6 годині
at six
[ət sɪks]

о 7 годині
at seven
[ət sevn]

о 8 годині
at eight
[ət eɪt]

о 9 годині
at nine
[ət naɪn]

Вам тут подобається?
Do you like it here?
[də ju laɪk ɪt hɪə?]

Ви тут з кимось?
Are you here with someone?
[ə ju hɪə wɪð ˈsʌmwʌn?]

Я з другом /подругою/.
I'm with my friend.
[aɪm wɪð maɪ ˈfrend]

Я з друзями.	**I'm with my friends.** [aɪm wɪð maɪ frendz]
Я один /одна/.	**No, I'm alone.** [nəʊ, aɪm ə'ləʊn]

У тебе є приятель?	**Do you have a boyfriend?** [də ju hɛv ə 'bɔɪfrend?]
У мене є друг.	**I have a boyfriend.** [aɪ hɛv ə 'bɔɪfrend]
У тебе є подружка?	**Do you have a girlfriend?** [də ju hɛv ə 'gɜːlfrend?]
У мене є дівчина.	**I have a girlfriend.** [aɪ hɛv ə 'gɜːlfrend]

Ми ще зустрінемося?	**Can I see you again?** [kən aɪ siː ju ə'gen?]
Чи можна тобі подзвонити?	**Can I call you?** [kən aɪ kɔːl ju?]
Подзвони мені.	**Call me.** [kɔːl miː]
Який у тебе номер?	**What's your number?** [wɒts jɔː 'nʌmbə?]
Я сумую за тобою.	**I miss you.** [aɪ mɪs ju]

У вас дуже гарне ім'я.	**You have a beautiful name.** [ju hɛv ə 'bjuːtəfl neɪm]
Я тебе кохаю.	**I love you.** [aɪ lʌv ju]
Виходь за мене.	**Will you marry me?** [wɪl ju 'mæri miː?]
Ви жартуєте!	**You're kidding!** [jə 'kɪdɪŋ!]
Я просто жартую.	**I'm just kidding.** [aɪm dʒəst 'kɪdɪŋ]

Ви серйозно?	**Are you serious?** [ə ju 'sɪərɪəs?]
Я серйозно.	**I'm serious.** [aɪm 'sɪərɪəs]
Справді?!	**Really?!** ['rɪəli?!]
Це неймовірно!	**It's unbelievable!** [ɪts ʌnbɪ'liːvəbl!]
Я вам не вірю.	**I don't believe you.** [aɪ dəʊnt bɪ'liːv ju]
Я не можу.	**I can't.** [aɪ kɑːnt]
Я не знаю.	**I don't know.** [aɪ dəʊnt nəʊ]
Я вас не розумію.	**I don't understand you.** [aɪ dəʊnt ʌndə'stænd ju]

Ідіть, будь ласка.

Please go away.
[pli:z gəʊ ə'weɪ]

Залиште мене в спокої!

Leave me alone!
[li:v mi: ə'ləʊn!]

Я його терпіти не можу.

I can't stand him.
[aɪ kɑ:nt stænd hɪm]

Ви огидні!

You are disgusting!
[ju ə dɪs'gʌstɪŋ!]

Я викличу поліцію!

I'll call the police!
[aɪl kɔ:l ðə pə'li:s!]

Обмін враженнями. Емоції

Мені це подобається.	**I like it.** [aɪ laɪk ɪt]
Дуже мило.	**Very nice.** ['veri naɪs]
Це чудово!	**That's great!** [ðæts 'greɪt!]
Це непогано.	**It's not bad.** [ɪts nɒt bæd]

Мені це не подобається.	**I don't like it.** [aɪ dəʊnt laɪk ɪt]
Це недобре.	**It's not good.** [ɪts nɒt gʊd]
Це погано.	**It's bad.** [ɪts bæd]
Це дуже погано.	**It's very bad.** [ɪts 'veri bæd]
Це огидно.	**It's disgusting.** [ɪts dɪs'gʌstɪŋ]

Я щасливий /щаслива/.	**I'm happy.** [aɪm 'hæpi]
Я задоволений /задоволена/.	**I'm content.** [aɪm kən'tent]
Я закоханий /закохана/.	**I'm in love.** [aɪm ɪn lʌv]
Я спокійний.	**I'm calm.** [aɪm kɑ:m]
Мені нудно.	**I'm bored.** [aɪm bɔ:d]

Я втомився /втомилася/.	**I'm tired.** [aɪm 'taɪəd]
Мені сумно.	**I'm sad.** [aɪm sæd]
Я наляканий.	**I'm frightened.** [aɪm 'fraɪtnd]
Я злюся.	**I'm angry.** [aɪm 'æŋgri]

Я хвилююся.	**I'm worried.** [aɪm 'wʌrɪd]
Я нервую.	**I'm nervous.** [aɪm 'nɜ:vəs]

Я заздрю.	**I'm jealous.** [aɪm ˈdʒeləs]
Я здивований /здивована/.	**I'm surprised.** [aɪm səˈpraɪzd]
Я спантеличений /спантеличена/.	**I'm perplexed.** [aɪm pəˈplekst]

Проблеми. Пригоди

В мене проблема.	**I've got a problem.** [aɪv gɒt ə 'prɒbləm]
У нас проблема.	**We've got a problem.** [wiv gɒt ə 'prɒbləm]
Я заблукав /заблукала/.	**I'm lost.** [aɪm lɒst]
Я запізнився на останній автобус (поїзд).	**I missed the last bus (train).** [aɪ mɪst ðə lɑːst bʌs (treɪn)]
У мене зовсім не залишилося грошей.	**I don't have any money left.** [aɪ dəʊnt hɛv 'eni 'mʌni left]

Я загубив /загубила/ ...	**I've lost my ...** [aɪv lɒst maɪ ...]
В мене вкрали ...	**Someone stole my ...** ['sʌmwʌn stəʊl maɪ ...]
паспорт	**passport** ['pɑːspɔːt]
гаманець	**wallet** ['wɒlɪt]
документи	**papers** ['peɪpəz]
квиток	**ticket** ['tɪkɪt]

гроші	**money** ['mʌni]
сумку	**handbag** ['hændbæg]
фотоапарат	**camera** ['kæmərə]
ноутбук	**laptop** ['læptɒp]
планшет	**tablet computer** ['tæblɪt kəm'pjuːtə]
телефон	**mobile phone** ['məʊbaɪl fəʊn]

Допоможіть!	**Help me!** [help miː!]
Що трапилося?	**What's happened?** [wɒts 'hæpənd?]
пожежа	**fire** ['faɪə]

стрілянина	**shooting** ['ʃuːtɪŋ]
вбивство	**murder** [a 'mɜːdə]
вибух	**explosion** [ɪk'spləʊʒn]
бійка	**fight** [a faɪt]

Викличте поліцію!	**Call the police!** [kɔːl ðə pə'liːs!]
Будь ласка, швидше!	**Please hurry up!** [pliːz 'hʌri ʌp!]
Я шукаю поліцейську дільницю.	**I'm looking for the police station.** [aɪm 'lʊkɪŋ fər ðə pə'liːs steɪʃn]
Мені треба зателефонувати.	**I need to make a call.** [aɪ niːd tə meɪk ə kɔːl]
Чи можна мені зателефонувати?	**May I use your phone?** [meɪ aɪ juːz jɔː fəʊn?]

Мене ...	**I've been ...** [aɪv biːn ...]
пограбували	**mugged** [mʌgd]
обікрали	**robbed** [rɒbd]
зґвалтували	**raped** [reɪpt]
побили	**attacked** [ə'tækt]

З вами все гаразд?	**Are you all right?** [ə ju ɔːl raɪt?]
Ви бачили, хто це був?	**Did you see who it was?** [dɪd ju siː huː ɪt wɒz?]
Ви зможете його впізнати?	**Would you be able to recognize the person?** [wʊd ju bi eɪbl tə 'rekəgnaɪz ðə 'pɜːsn?]
Ви точно впевнені?	**Are you sure?** [ə ju ʃʊə?]

Будь ласка, заспокойтеся.	**Please calm down.** [pliːz kɑːm daʊn]
Спокійніше!	**Take it easy!** [teɪk ɪt 'iːzi!]
Не турбуйтесь.	**Don't worry!** [dəʊnt 'wʌri!]
Все буде добре.	**Everything will be fine.** ['evrɪθɪŋ wɪl bi faɪn]
Все гаразд.	**Everything's all right.** ['evrɪθɪŋz ɔːl raɪt]

Підійдіть, будь ласка.	**Come here, please.** [kʌm hɪə, pliːz]
У мене до вас кілька запитань.	**I have some questions for you.** [aɪ hɛv səm 'kwestʃənz fə ju]
Зачекайте, будь ласка.	**Wait a moment, please.** [weɪt ə 'məʊmənt, pliːz]
У вас є документи?	**Do you have any I.D.?** [də ju hɛv 'eni aɪ diː.?]
Дякую. Ви можете йти.	**Thanks. You can leave now.** [θæŋks. ju kən liːv naʊ]
Руки за голову!	**Hands behind your head!** [hændz bɪ'haɪnd jɔː hed!]
Ви заарештовані!	**You're under arrest!** [jər 'ʌndər ə'rest!]

Проблеми зі здоров'ям

Допоможіть, будь ласка.	**Please help me.** [pli:z help mi:]
Мені погано.	**I don't feel well.** [aɪ dəʊnt fi:l wel]
Моєму чоловікові погано.	**My husband doesn't feel well.** [maɪ 'hʌzbənd 'dʌznt fi:l wel]
Моєму сину …	**My son …** [maɪ sʌn …]
Моєму батькові …	**My father …** [maɪ 'fɑ:ðə …]
Моїй дружині погано.	**My wife doesn't feel well.** [maɪ waɪf 'dʌznt fi:l wel]
Моїй дочці …	**My daughter …** [maɪ 'dɔ:tə …]
Моїй матері …	**My mother …** [maɪ 'mʌðə …]
У мене болить …	**I've got a …** [aɪv gɒt ə …]
голова	**headache** ['hedeɪk]
горло	**sore throat** [sɔ: θrəʊt]
живіт	**stomach ache** ['stʌmək eɪk]
зуб	**toothache** ['tu:θeɪk]
У мене паморочиться голова.	**I feel dizzy.** [aɪ fi:l 'dɪzi]
У нього температура.	**He has a fever.** [hi həz ə 'fi:və]
У неї температура.	**She has a fever.** [ʃi həz ə 'fi:və]
Я не можу дихати.	**I can't breathe.** [aɪ kɑ:nt bri:ð]
Я задихаюсь.	**I'm short of breath.** [aɪm ʃɔ:t əv breθ]
Я астматик.	**I am asthmatic.** [aɪ əm æs'mætɪk]
Я діабетик.	**I am diabetic.** [aɪ əm daɪə'betɪk]

В мене безсоння.	**I can't sleep.** [aɪ kɑːnt sliːp]
харчове отруєння	**food poisoning** [fuːd 'pɔɪznɪŋ]

Болить ось тут.	**It hurts here.** [ɪt hɜːts hɪə]
Допоможіть!	**Help me!** [help miː!]
Я тут!	**I am here!** [aɪ əm hɪə!]
Ми тут!	**We are here!** [wi ə hɪə!]
Витягніть мене!	**Get me out of here!** [get miː aʊt əv hɪə!]
Мені потрібен лікар.	**I need a doctor.** [aɪ niːd ə 'dɒktə]
Я не можу рухатися.	**I can't move.** [aɪ kɑːnt muːv!]
Я не відчуваю ніг.	**I can't move my legs.** [aɪ kɑːnt muːv maɪ legz]

Я поранений /поранена/.	**I have a wound.** [aɪ hæv ə wuːnd]
Це серйозно?	**Is it serious?** [ɪz ɪt 'sɪərɪəs?]
Мої документи в кишені.	**My documents are in my pocket.** [maɪ 'dɒkjʊments ər ɪn maɪ 'pɒkɪt]
Заспокойтеся!	**Calm down!** [kɑːm daʊn!]
Чи можна мені зателефонувати?	**May I use your phone?** [meɪ aɪ juːz jɔː fəʊn?]

Викличте швидку!	**Call an ambulance!** [kɔːl ən 'æmbjələns!]
Це терміново!	**It's urgent!** [ɪts 'ɜːdʒənt!]
Це дуже терміново!	**It's an emergency!** [ɪts ən ɪ'mɜːdʒənsi!]
Будь ласка, швидше!	**Please hurry up!** [pliːz 'hʌri 'ʌp!]
Викличте лікаря, будь ласка.	**Would you please call a doctor?** [wʊd ju pliːz kɔːl ə 'dɒktə?]

Скажіть, де лікарня?	**Where is the hospital?** [weə ɪz ðə 'hɒspɪtl?]
Як ви себе почуваєте?	**How are you feeling?** [haʊ ə ju 'fiːlɪŋ?]
З вами все гаразд?	**Are you all right?** [ə ju ɔːl raɪt?]
Що трапилося?	**What's happened?** [wɒts 'hæpənd?]

Мені вже краще. **I feel better now.**
[aɪ fiːl 'betə naʊ]

Все гаразд. **It's OK.**
[ɪts əʊ'keɪ]

Все добре. **It's all right.**
[ɪts ɔːl raɪt]

В аптеці

аптека	**Pharmacy (drugstore)** ['fɑːməsi ('drʌgstɔ:)]
цілодобова аптека	**24-hour pharmacy** ['twenti fɔːr 'aʊə 'fɑːməsi]
Де найближча аптека?	**Where is the closest pharmacy?** [weə ɪz ðə 'kləʊsɪst 'fɑːməsi?]
Вона зараз відкрита?	**Is it open now?** [ɪz ɪt 'əʊpən naʊ?]
О котрій вона відкривається?	**At what time does it open?** [ət wɒt taɪm dəz ɪt 'əʊpən?]
До котрої години вона працює?	**At what time does it close?** [ət wɒt taɪm dəz ɪt kləʊz?]
Це далеко?	**Is it far?** [ɪz ɪt fɑː?]
Я дійду туди пішки?	**Can I get there on foot?** [kən aɪ get ðər ɒn fʊt?]
Покажіть мені на карті, будь ласка.	**Can you show me on the map?** [kən ju ʃəʊ miː ɒn ðə mæp?]
Дайте мені, що-небудь від ...	**Please give me something for ...** [pliːz gɪv miː 'sʌmθɪŋ fə ...]
головного болю	**a headache** [ə 'hedeɪk]
кашлю	**a cough** [ə kɒf]
застуди	**a cold** [ə kəʊld]
грипу	**the flu** [ðə fluː]
температури	**a fever** [ə 'fiːvə]
болю в шлунку	**a stomach ache** [ə 'stʌmək eɪk]
нудоти	**nausea** ['nɔːsɪə]
діареї	**diarrhea** [daɪə'rɪə]
запору	**constipation** [kɒnstɪ'peɪʃn]

біль у спині	**pain in the back** [peɪn ɪn ðə 'bæk]
біль у грудях	**chest pain** [tʃest peɪn]
біль у боці	**side stitch** [saɪd stɪtʃ]
біль в животі	**abdominal pain** [æb'dɒmɪnəl peɪn]

таблетка	**pill** [pɪl]
мазь, крем	**ointment, cream** ['ɔɪntmənt, kri:m]
сироп	**syrup** ['sɪrəp]
спрей	**spray** [sprɛj]
краплі	**drops** [drɒps]

Вам потрібно в лікарню.	**You need to go to the hospital.** [ju ni:d tə gəʊ tə ðə 'hɒspɪtl]
страховка	**health insurance** [helθ ɪn'ʃʊərəns]
рецепт	**prescription** [prɪ'skrɪpʃn]
засіб від комах	**insect repellant** ['ɪnsekt rɪ'pelənt]
лейкопластир	**sticking plaster** ['stikiŋ 'plastə]

Обов'язковий мінімум

Вибачте, …
Excuse me, …
[ɪk'skjuːz miː, …]

Добрий день.
Hello.
[hə'ləʊ]

Дякую.
Thank you.
[θæŋk ju]

До побачення.
Good bye.
[gʊd baɪ]

Так.
Yes.
[jes]

Ні.
No.
[nəʊ]

Я не знаю.
I don't know.
[aɪ dəʊnt nəʊ]

Де? | Куди? | Коли?
Where? | Where to? | When?
[weə? | weə tuː? | wen?]

Мені потрібен …
I need …
[aɪ niːd …]

Я хочу …
I want …
[aɪ wɒnt …]

У вас є …?
Do you have …?
[də ju hɛv …?]

Тут є …?
Is there a … here?
[ɪz ðər ə … hɪə?]

Чи можна мені …?
May I …?
[meɪ aɪ …?]

Будь ласка
…, please
[…, pliːz]

Я шукаю …
I'm looking for …
[aɪm 'lʊkɪŋ fə …]

туалет
restroom
['restruːm]

банкомат
ATM
[eɪtiː'em]

аптеку
pharmacy, drugstore
['fɑːməsi, 'drʌgstɔː]

лікарню
hospital
['hɒspɪtl]

поліцейську дільницю
police station
[pə'liːs 'steɪʃn]

метро
subway
['sʌbweɪ]

таксі
taxi
['tæksi]

вокзал
train station
[treɪn 'steɪʃn]

Мене звуть ...
My name is ...
[maɪ 'neɪm ɪz ...]

Як вас звуть?
What's your name?
[wɒts jɔ: 'neɪm?]

Допоможіть мені, будь ласка.
Could you please help me?
[kəd ju pli:z help mi:?]

У мене проблема.
I've got a problem.
[av gɒt ə 'prɒbləm]

Мені погано.
I don't feel well.
[aɪ dəʊnt fi:l wel]

Викличте швидку!
Call an ambulance!
[kɔ:l ən 'æmbjələns!]

Чи можна мені зателефонувати?
May I make a call?
[meɪ aɪ 'meɪk ə kɔ:l?]

Прошу вибачення
I'm sorry.
[aɪm 'sɒri]

Прошу
You're welcome.
[juə 'welkəm]

я
I, me
[aɪ, mi]

ти
you
[ju]

він
he
[hi]

вона
she
[ʃi]

вони
they
[ðeɪ]

вони
they
[ðeɪ]

ми
we
[wi]

ви
you
[ju]

Ви
you
[ju]

ВХІД
ENTRANCE
['entrɑ:ns]

ВИХІД
EXIT
['eksɪt]

НЕ ПРАЦЮЄ
OUT OF ORDER
[aʊt əv 'ɔ:də]

ЗАКРИТО
CLOSED
[kləʊzd]

ВІДКРИТО

OPEN
['əʊpən]

ДЛЯ ЖІНОК

FOR WOMEN
[fə 'wɪmɪn]

ДЛЯ ЧОЛОВІКІВ

FOR MEN
[fə men]

ТЕМАТИЧНИЙ СЛОВНИК

Цей розділ містить понад 3000 найважливіших слів. Словник надасть вам неоціненну допомогу в закордонній поїздці, оскільки часто для того, щоб вам зрозуміли, достатньо окремих слів. Словник має зручну транскрипцію для кожного іноземного слова

T&P Books Publishing

ЗМІСТ СЛОВНИКА

Основні поняття 77
Числа 83
Кольори. Одиниці вимірювання 87
Найважливіші дієслова 91
Час. Календар 97
Турпоїздка. Готель 103
Транспорт 107
Місто 113
Одяг. Аксесуари 121
Повсякденний досвід 129
Харчування. Ресторан 137
Особисті дані. Родина 147
Тіло людини. Медицина 151
Квартира 159
Планета. Погода 165
Фауна 177
Флора 185
Країни світу 191

T&P Books Publishing

ОСНОВНІ ПОНЯТТЯ

1. Займенники
2. Привітання. Фрази ввічливості
3. Питання
4. Основні прийменники
5. Вставні і службові слова.
   Прислівники - 1
6. Вставні і службові слова.
   Прислівники - 2

T&P Books Publishing

я	I, me	[aɪ], [mi:]
ти	you	[ju:]
він	he	[hi:]
вона	she	[ʃi:]
воно	it	[ɪt]
ми	we	[wi:]
ви	you	[ju:]
вони	they	[ðeɪ]

2. Привітання. Фрази ввічливості

Здрастуй!	Hello!	[hə'loʊ]
Здрастуйте!	Hello!	[hə'loʊ]
Доброго ранку!	Good morning!	[gʊd 'mɔ:nɪŋ]
Добрий день!	Good afternoon!	[gʊd æftə'nu:n]
Добрий вечір!	Good evening!	[gʊd 'i:vnɪŋ]

вітатися	to say hello	[tʊ seɪ hə'loʊ]
Привіт!	Hi!	[haɪ]
привітання (c)	greeting	['gri:tɪŋ]
вітати	to greet (vt)	[tʊ gri:t]
Як справи?	How are you?	['haʊ ə 'ju:]
Що нового?	What's new?	[wʌts nu:]

До побачення!	Bye-Bye! Goodbye!	[baɪ baɪ], [gʊd'baɪ]
До скорої зустрічі!	See you soon!	[si: ju su:n]
Прощавай! Прощавайте!	Goodbye!	[gʊd'baɪ]
прощатися	to say goodbye	[tʊ seɪ gʊd'baɪ]
Бувай!	So long!	[soʊ lɔ:ŋ]

Дякую!	Thank you!	['θæŋk ju:]
Щиро дякую!	Thank you very much!	['θæŋk ju 'vɛrɪ mʌtʃ]
Будь ласка (відповідь)	You're welcome.	[ju ɑ: 'wɛlkəm]
Не варто подяки	Don't mention it!	['doʊnt 'mɛnʃn ɪt]
Нема за що	It was nothing	[ɪt wəz 'nʌθɪŋ]

Вибач! Вибачте!	Excuse me!	[ɪk'skju:z mi:]
вибачати	to excuse (vt)	[tʊ ɪk'skju:z]
вибачатися	to apologize (vi)	[tʊ ə'pɑ:lədʒaɪz]
Мої вибачення	My apologies.	[maɪ ə'pɑ:lədʒɪz]

Вибачте!	**I'm sorry!**	[aɪm 'sɑːrɪ]
вибачати (когось)	**to forgive** (vt)	[tʊ fə'gɪv]
Нічого страшного (відповідь)	**It's okay!**	[ɪts oʊ'keɪ]
будь ласка (при проханні)	**please**	[pliːz]

Не забудьте!	**Don't forget!**	['doʊnt fə'gɛt]
Звичайно!	**Certainly!**	['sɜːtənlɪ]
Звичайно ні!	**Of course not!**	[əv kɔːs nɑːt]
Згоден!	**Okay!**	[oʊ'keɪ]
Досить!	**That's enough!**	[ðæts ɪ'nʌf]

3. Питання

Хто?	**Who?**	[huː]
Що?	**What?**	[wʌt]
Де?	**Where?**	[wɛə]
Куди?	**Where?**	[wɛə]
Звідки?	**Where from?**	[wɛə frəm]
Коли?	**When?**	[wɛn]
Навіщо?	**Why?**	[waɪ]

Для чого?	**What for?**	[wʌt fɔː]
Як?	**How?**	['haʊ]
Котрий?	**Which?**	[wɪtʃ]

Кому?	**To whom?**	[tʊ huːm]
Про кого?	**About whom?**	[ə'baʊt huːm]
Про що?	**About what?**	[ə'baʊt wʌt]
З ким?	**With whom?**	[wɪð huːm]

Скільки? (обчисл.)	**How many?**	['haʊ 'mɛnɪ]
Скільки? (необчисл.)	**How much?**	['haʊ 'mʌtʃ]
Чий? Чия? Чиї?	**Whose?**	[huːz]

4. Основні прийменники

з (з кимось)	**with**	[wɪð]
без (~ цукру і т. ін.)	**without**	[wɪ'ðaʊt]
в (прийменник руху)	**to**	[tuː]
про (говорити про…)	**about**	[ə'baʊt]
до, перед (у часі)	**before**	[bɪ'fɔː]
перед (у просторі)	**in front of …**	[ɪn 'frʌnt əv …]

під (внизу)	**under**	['ʌndə]
над (зверху)	**above**	[ə'bʌv]
на (чомусь)	**on**	[ɑːn]

з (у напрямку від)	**from**	[frʌm], [frəm]
з (про матеріал)	**of**	[əv]
за (через, про час)	**in**	[ɪn]
через (про перешкоду)	**over**	['oʊvə]

5. Вставні і службові слова. Прислівники - 1

Де?	**Where?**	[wɛə]
тут	**here**	[hɪə]
там	**there**	[ðɛə]
десь	**somewhere**	['sʌmwɛə]
ніде	**nowhere**	['noʊwɛə]
біля (чогось)	**by**	[baɪ]
біля вікна	**by the window**	[baɪ ðə 'wɪndoʊ]
Куди?	**Where?**	[wɛə]
сюди	**here**	[hɪə]
туди	**there**	[ðɛə]
звідси	**from here**	[frəm hɪə]
звідти	**from there**	[frəm ðɛə]
близько	**close**	['kloʊs]
далеко	**far**	[fɑː]
недалеко (від чогось)	**not far**	[nɑːt fɑː]
лівий	**left**	[lɛft]
зліва	**on the left**	[ɑːn ðə lɛft]
ліворуч	**to the left**	[tʊ ðə lɛft]
правий	**right**	[raɪt]
справа	**on the right**	[ɑːn ðə raɪt]
праворуч	**to the right**	[tʊ ðə raɪt]
спереду	**in front**	[ɪn frʌnt]
передній	**front**	[frʌnt]
уперед (рух)	**ahead**	[ə'hɛd]
позаду (знаходитись)	**behind**	[bɪ'haɪnd]
ззаду (підійти)	**from behind**	[frəm bɪ'haɪnd]
назад (рух)	**back**	[bæk]
середина (ж)	**middle**	['mɪdl]
посередині	**in the middle**	[ɪn ðə 'mɪdl]
збоку	**at the side**	[ət ðə saɪd]
скрізь	**everywhere**	['ɛvrɪwɛə]
навколо (у всіх напрямках)	**around**	[ə'raʊnd]
зсередини	**from inside**	[frəm 'ɪnsaɪd]

кудись	somewhere	['sʌmwɛə]
прямо	straight	[streɪt]
назад (йти ~)	back	[bæk]

| звідки-небудь | from anywhere | [frəm 'ɛnɪwɛə] |
| звідкись | from somewhere | [frəm 'sʌmwɛə] |

по-перше	firstly	['fɜːstlɪ]
по-друге	secondly	['sɛkəndlɪ]
по-третє	thirdly	['θɜːdlɪ]

раптом	suddenly	['sʌdənlɪ]
спочатку	at first	[ət fɜːst]
уперше	for the first time	[fɔː ðə fɜːst taɪm]
задовго до…	long before …	[lɔːŋ bɪ'fɔː …]
заново	anew	[ə'nuː]
назовсім	for good	[fɔː gʊd]

ніколи	never	['nɛvə]
знову	again	[ə'gɛn]
тепер	now	['naʊ]
часто	often	['ɔːfən]
тоді	then	[ðɛn]
терміново	urgently	['ɜːdʒəntlɪ]
звичайно	usually	['juːʒəlɪ]

до речі,…	by the way, …	[baɪ ðə weɪ …]
можливо	possibly	['pɑːsəblɪ]
мабуть	probably	['prɑːbəblɪ]
може бути	maybe	['meɪbiː]
крім того,…	besides …	[bɪ'saɪdz …]
тому (спол.)	that's why …	[ðæts waɪ …]
незважаючи на…	in spite of …	[ɪn 'spaɪt əv …]
завдяки…	thanks to …	['θæŋks tʊ …]

що (займ.)	what	[wʌt]
що (спол.)	that	[ðæt]
щось	something	['sʌmθɪŋ]
що-небудь	anything, something	['ɛnɪθɪŋ], ['sʌmθɪŋ]
нічого	nothing	['nʌθɪŋ]

хто	who	[huː]
хтось	someone	['sʌmwʌn]
хто-небудь	somebody	['sʌmbədɪ]

ніхто	nobody	['noʊbədɪ]
нікуди	nowhere	['noʊwɛə]
нічий	nobody's	['noʊbədɪz]
чий-небудь	somebody's	['sʌmbədɪz]
так	so	['soʊ]
також	also	['ɔːlsoʊ]
теж	too	[tuː]

6. Вставні і службові слова. Прислівники - 2

Чому?	Why?	[waɪ]
чомусь	for some reason	[fɔː sʌm 'riːzən]
тому, що…	because ...	[bɪ'kɔːz ...]
навіщось	for some purpose	[fɔː sʌm 'pɜːpəs]

і (спол.)	and	[ænd]
або (спол.)	or	[ɔː]
але (спол.)	but	[bʌt]
для (прийм.)	for	[fɔː]

занадто	too	[tuː]
тільки	only	['oʊnlɪ]
точно	exactly	[ɪg'zæktlɪ]
близько (більше або менше)	about	[ə'baʊt]

приблизно	approximately	[ə'prɑːksɪmətlɪ]
приблизний	approximate	[ə'prɑːksɪmət]
майже	almost	['ɔːlmoʊst]
решта (ж)	the rest	[ðə rɛst]

інший (другий)	the other	[ðɪ 'ʌðə]
інший (різний)	other	['ʌðə]
кожен	each	[iːtʃ]
будь-який	any	['ɛnɪ]
багато (з обчисл.)	many	['mɛnɪ]
багато (з необчисл.)	much	[mʌtʃ]
багато хто	many people	[ˌmɛnɪ 'piːpl]
всі (усі люди)	all	[ɔːl]

в обмін на…	in return for ...	[ɪn rɪ'tɜːn fɔː ...]
натомість	in exchange	[ɪn ɪks'tʃeɪndʒ]
вручну	by hand	[baɪ hænd]
навряд чи	hardly	['hɑːdlɪ]

мабуть (імовірно)	probably	['prɑːbəblɪ]
навмисно	on purpose	[ɑːn 'pɜːpəs]
випадково	by accident	[baɪ 'æksɪdənt]

дуже	very	['vɛrɪ]
наприклад	for example	[fɔːr ɪg'zæmpl]
між	between	[bɪ'twiːn]
серед	among	[ə'mʌŋ]
стільки	so much	['soʊ 'mʌtʃ]
особливо	especially	[ɪ'spɛʃəlɪ]

ЧИСЛА

7. Числа від 1 до 100
8. Числа від 100
9. Числа. Порядкові числівники

T&P Books Publishing

нуль	**zero**	['zɪroʊ]
один	**one**	[wʌn]
два	**two**	[tuː]
три	**three**	[θriː]
чотири	**four**	[fɔː]
п'ять	**five**	[faɪv]
шість	**six**	[sɪks]
сім	**seven**	['sɛvən]
вісім	**eight**	[eɪt]
дев'ять	**nine**	[naɪn]
десять	**ten**	[tɛn]
одинадцять	**eleven**	[ɪ'lɛvən]
дванадцять	**twelve**	[twɛlv]
тринадцять	**thirteen**	[θɜː'tiːn]
чотирнадцять	**fourteen**	[fɔː'tiːn]
п'ятнадцять	**fifteen**	[fɪf'tiːn]
шістнадцять	**sixteen**	[sɪks'tiːn]
сімнадцять	**seventeen**	[sɛvən'tiːn]
вісімнадцять	**eighteen**	[eɪ'tiːn]
дев'ятнадцять	**nineteen**	[naɪn'tiːn]
двадцять	**twenty**	['twɛntɪ]
двадцять один	**twenty-one**	['twɛntɪ wʌn]
двадцять два	**twenty-two**	['twɛntɪ tuː]
двадцять три	**twenty-three**	['twɛntɪ θriː]
тридцять	**thirty**	['θɜːtɪ]
тридцять один	**thirty-one**	['θɜːtɪ wʌn]
тридцять два	**thirty-two**	['θɜːtɪ tuː]
тридцять три	**thirty-three**	['θɜːtɪ θriː]
сорок	**forty**	['fɔːtɪ]
сорок один	**forty-one**	['fɔːtɪ wʌn]
сорок два	**forty-two**	['fɔːtɪ tuː]
сорок три	**forty-three**	['fɔːtɪ θriː]
п'ятдесят	**fifty**	['fɪftɪ]
п'ятдесят один	**fifty-one**	['fɪftɪ wʌn]
п'ятдесят два	**fifty-two**	['fɪftɪ tuː]
п'ятдесят три	**fifty-three**	['fɪftɪ θriː]
шістдесят	**sixty**	['sɪkstɪ]

шістдесят один	sixty-one	['sɪkstɪ wʌn]
шістдесят два	sixty-two	['sɪkstɪ tu:]
шістдесят три	sixty-three	['sɪkstɪ θri:]
сімдесят	seventy	['sɛvəntɪ]
сімдесят один	seventy-one	['sɛvəntɪ wʌn]
сімдесят два	seventy-two	['sɛvəntɪ tu:]
сімдесят три	seventy-three	['sɛvəntɪ θri:]
вісімдесят	eighty	['eɪtɪ]
вісімдесят один	eighty-one	['eɪtɪ wʌn]
вісімдесят два	eighty-two	['eɪtɪ tu:]
вісімдесят три	eighty-three	['eɪtɪ θri:]
дев'яносто	ninety	['naɪntɪ]
дев'яносто один	ninety-one	['naɪntɪ wʌn]
дев'яносто два	ninety-two	['naɪntɪ tu:]
дев'яносто три	ninety-three	['naɪntɪ θri:]

8. Числа від 100

сто	one hundred	[wʌn 'hʌndrəd]
двісті	two hundred	[tu 'hʌndrəd]
триста	three hundred	[θri: 'hʌndrəd]
чотириста	four hundred	[fɔ: 'hʌndrəd]
п'ятсот	five hundred	[faɪv 'hʌndrəd]
шістсот	six hundred	[sɪks 'hʌndrəd]
сімсот	seven hundred	['sɛvən 'hʌndrəd]
вісімсот	eight hundred	[eɪt 'hʌndrəd]
дев'ятсот	nine hundred	[naɪn 'hʌndrəd]
тисяча	one thousand	[wʌn 'θaʊzənd]
дві тисячі	two thousand	[tu 'θaʊzənd]
три тисячі	three thousand	[θri: 'θaʊzənd]
десять тисяч	ten thousand	[tɛn 'θaʊzənd]
сто тисяч	one hundred thousand	[wʌn 'hʌndrəd 'θaʊzənd]
мільйон (ч)	million	['mɪljən]
мільярд (ч)	billion	['bɪljən]

9. Числа. Порядкові числівники

перший	first	[fɜ:st]
другий	second	['sɛkənd]
третій	third	[θɜ:d]
четвертий	fourth	[fɔ:θ]
п'ятий	fifth	[fɪfθ]
шостий	sixth	[sɪksθ]

сьомий	**seventh**	['sɛvənθ]
восьмий	**eighth**	[eɪtθ]
дев'ятий	**ninth**	[naɪnθ]
десятий	**tenth**	[tɛnθ]

КОЛЬОРИ.
ОДИНИЦІ ВИМІРЮВАННЯ

10. Кольори
11. Одиниці вимірювання
12. Ємності

T&P Books Publishing

колір (ч)	color	['kʌlə]
відтінок (ч)	shade	[ʃeɪd]
тон (ч)	hue	[hjuː]
веселка (ж)	rainbow	['reɪnbou]

білий	white	[waɪt]
чорний	black	[blæk]
сірий	gray	[greɪ]

зелений	green	[griːn]
жовтий	yellow	['jɛlou]
червоний	red	[rɛd]
синій	blue	[bluː]
блакитний	light blue	[laɪt bluː]
рожевий	pink	[pɪŋk]
помаранчевий	orange	['ɔːrɪndʒ]
фіолетовий	violet	['vaɪələt]
коричневий	brown	['braʊn]

золотий	golden	['gouldən]
сріблястий	silvery	['sɪlvərɪ]
бежевий	beige	[beɪʒ]
кремовий	cream	[kriːm]
бірюзовий	turquoise	['tɜːkwɔɪz]
вишневий	cherry red	['ʧɛrɪ rɛd]
бузковий	lilac	['laɪlək]
малиновий	crimson	['krɪmzən]

світлий	light	[laɪt]
темний	dark	[dɑːk]
яскравий	bright	[braɪt]

кольоровий (олівець)	colored	['kʌləd]
кольоровий (фільм)	color	['kʌlə]
чорно-білий	black-and-white	[blæk ən waɪt]
однобарвний	plain, one-colored	[pleɪn], [wʌn 'kʌləd]
різнобарвний	multicolored	['mʌltɪ,kʌləd]

вага (ж)	weight	[weɪt]
довжина (ж)	length	[lɛŋθ]

ширина (ж)	width	[wɪdθ]
висота (ж)	height	[haɪt]
глибина (ж)	depth	[dɛpθ]
об'єм (ч)	volume	['vɑ:lju:m]
площа (ж)	area	['ɛrɪə]

грам (ч)	gram	[græm]
міліграм (ч)	milligram	['mɪlɪgræm]
кілограм (ч)	kilogram	['kɪləgræm]
тонна (ж)	ton	[tʌn]
фунт (ч) (одиниця ваги)	pound	['paʊnd]
унція (ж)	ounce	['aʊns]

метр (ч)	meter	['mi:tə]
міліметр (ч)	millimeter	['mɪlɪmi:tə]
сантиметр (ч)	centimeter	['sɛntɪmi:tə]
кілометр (ч)	kilometer	[kɪ'lɑmi:tə]
миля (ж)	mile	[maɪl]

дюйм (ч)	inch	[ɪntʃ]
фут (ч)	foot	[fʊt]
ярд (ч)	yard	[jɑ:d]

квадратний метр (ч)	square meter	[skwɛə 'mi:tə]
гектар (ч)	hectare	['hɛktə]
літр (ч)	liter	['li:tə]
градус (ч)	degree	[dɪ'gri:]
вольт (ч)	volt	['voʊlt]
ампер (ч)	ampere	['æmpɛə]
кінська сила (ж)	horsepower	['hɔ:s,paʊə]

кількість (ж)	quantity	['kwɑ:ntətɪ]
небагато…	a little bit of …	[ə lɪtl bɪt əv …]
половина (ж)	half	[hæf]
дюжина (ж)	dozen	['dʌzən]
штука (ж)	piece	[pi:s]

| розмір (ч) (предмета) | size | [saɪz] |
| масштаб (ч) | scale | [skeɪl] |

мінімальний	minimal	['mɪnɪməl]
найменший	the smallest	[ðə 'smɔ:ləst]
середній	medium	['mi:dɪəm]
максимальний	maximal	['mæksɪməl]
найбільший	the largest	[ðə 'lɑ:dʒɪst]

12. Ємності

| банка (ж) (скляна) | jar | [dʒɑ:] |
| банка (ж) (залізна) | can | [kæn] |

відро (с)	**bucket**	['bʌkɪt]
бочка (ж)	**barrel**	['bærəl]
таз (ч)	**basin**	['beɪsən]
бак (ч)	**tank**	[tæŋk]
фляжка (ж)	**hip flask**	[hɪp flæsk]
каністра (ж)	**jerrycan**	['dʒɛrɪkæn]
цистерна (ж)	**tank**	[tæŋk]
кухоль (ч)	**mug**	[mʌg]
чашка (ж)	**cup**	[kʌp]
блюдце (с)	**saucer**	['sɔːsə]
склянка (ж)	**glass**	[glæs]
келих (ч)	**glass**	[glæs]
каструля (ж)	**stock pot**	[stɑːk pɑːt]
пляшка (ж)	**bottle**	[bɑːtl]
горлечко (у пляшки)	**neck**	[nɛk]
карафа (ж)	**carafe**	[kə'ræf]
глечик (ч)	**pitcher**	['pɪtʃə]
посудина (ж)	**vessel**	[vɛsl]
горщик (ч)	**pot**	[pɑːt]
ваза (ж)	**vase**	[vɑz], [veɪz]
флакон (ч)	**bottle**	[bɑːtl]
пляшечка (ж)	**vial, small bottle**	['vaɪəl], [smɔːl 'bɑːtl]
тюбик (ч)	**tube**	[tuːb]
мішок (ч) (цукру і т. ін.)	**sack**	[sæk]
пакет (ч) (паперовий і т. ін.)	**bag**	[bæg]
пачка (ж) (цигарок)	**pack**	[pæk]
коробка (ж)	**box**	[bɑːks]
ящик (ч)	**box**	[bɑːks]
кошик (ч)	**basket**	['bæskɪt]

НАЙВАЖЛИВІШІ ДІЄСЛОВА

13. Найважливіші дієслова - 1
14. Найважливіші дієслова - 2
15. Найважливіші дієслова - 3
16. Найважливіші дієслова - 4

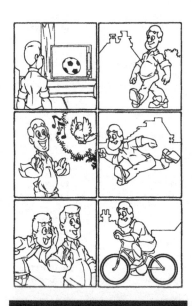

T&P Books Publishing

бачити	to see (vt)	[tʊ siː]
бігти	to run (vi)	[tʊ rʌn]
боятися	to be afraid	[tʊ bi əˈfreɪd]
брати	to take (vt)	[tʊ teɪk]
брати участь	to participate (vi)	[tʊ pɑːˈtɪsɪpeɪt]
бути	to be (vi)	[tʊ biː]
бути потрібним	to be needed	[tʊ bi ˈniːdɪd]
вгадати (напр. ~ загадку)	to guess (vt)	[tʊ ɡɛs]
вечеряти	to have dinner	[tʊ hæv ˈdɪnə]
вибачати	to excuse (vt)	[tʊ ɪkˈskjuːz]
вибачатися	to apologize (vi)	[tʊ əˈpɑːlədʒaɪz]
вибирати	to choose (vt)	[tʊ tʃuːz]
вивчати	to study (vt)	[tʊ ˈstʌdɪ]
вимагати (наполегливо просити)	to demand (vt)	[tʊ dɪˈmænd]
вимовляти (слово)	to pronounce (vt)	[tʊ prəˈnaʊns]
виходити (з дому і т. ін.)	to go out	[tʊ ˈɡoʊ ˈaʊt]
відмовлятися	to refuse (vi, vt)	[tʊ rɪˈfjuːz]
відповідати	to answer (vi, vt)	[tʊ ˈænsə]
відправляти	to send (vt)	[tʊ sɛnd]
відчинити (двері)	to open (vt)	[tʊ ˈoʊpən]
воліти	to prefer (vt)	[tʊ prɪˈfɜː]
володіти	to own (vt)	[tʊ ˈoʊn]
входити (у кімнату і т. ін.)	to enter (vt)	[tʊ ˈɛntə]
говорити (розмовляти)	to speak (vi, vt)	[tʊ spiːk]
готувати (обід і т. ін.)	to cook (vt)	[tʊ kʊk]
грати (про дітей)	to play (vi)	[tʊ pleɪ]
давати	to give (vt)	[tʊ ɡɪv]
дивуватись	to be surprised	[tʊ bi səˈpraɪzd]
довіряти	to trust (vt)	[tʊ trʌst]
дозволяти	to permit (vt)	[tʊ pəˈmɪt]
допомагати	to help (vt)	[tʊ hɛlp]
думати	to think (vi, vt)	[tʊ θɪŋk]
жалкувати	to regret (vi)	[tʊ rɪˈɡrɛt]
жартувати	to joke (vi)	[tʊ ˈdʒoʊk]

14. Найважливіші дієслова - 2

забувати	to forget (vi, vt)	[tʊ fəˈɡɛt]
закінчувати	to finish (vt)	[tʊ ˈfɪnɪʃ]
замовляти (напр. їжу)	to order (vt)	[tʊ ˈɔːdə]
заперечувати	to object (vi, vt)	[tʊ əbˈdʒɛkt]
записувати	to write down	[tʊ raɪt ˈdaʊn]

запитувати	to ask (vt)	[tʊ æsk]
запрошувати	to invite (vt)	[tʊ ɪnˈvaɪt]
захищати (країну)	to defend (vt)	[tʊ dɪˈfɛnd]
зберігати	to keep (vt)	[tʊ kiːp]
звільняти (~ місто і т. ін.)	to liberate (vt)	[tʊ ˈlɪbəreɪt]

згадувати	to mention (vt)	[tʊ ˈmɛnʃn]
змінювати (щось чи когось)	to change (vt)	[tʊ tʃeɪndʒ]
знати (кого-н.)	to know (vt)	[tʊ ˈnoʊ]
знати (що-н.)	to know (vt)	[tʊ ˈnoʊ]
знаходити	to find (vt)	[tʊ faɪnd]

зняти (~ квартиру)	to rent (vt)	[tʊ rɛnt]
зупинятися	to stop (vi)	[tʊ stɑːp]
інформувати	to inform (vt)	[tʊ ɪnˈfɔːm]
існувати	to exist (vi)	[tʊ ɪgˈzɪst]
іти слідом (йти за кимось)	to follow ...	[tʊ ˈfɑːloʊ ...]

йти (ногами)	to go (vi)	[tʊ ˈɡoʊ]
керувати (чимось)	to run, to manage	[tʊ rʌn], [tʊ ˈmænɪdʒ]
кликати (на допомогу і т. ін.)	to call (vt)	[tʊ kɔːl]
контролювати	to control (vt)	[tʊ kənˈtroʊl]
кохати (кого-н.)	to love (vt)	[tʊ lʌv]

коштувати	to cost (vt)	[tʊ kɔːst]
красти	to steal (vt)	[tʊ stiːl]
кричати	to shout (vi)	[tʊ ˈʃaʊt]
купатися (у морі і т. ін.)	to go for a swim	[tʊ ˈɡoʊ fərə swɪm]

ламати	to break (vt)	[tʊ breɪk]
лаяти	to scold (vt)	[tʊ ˈskoʊld]
летіти	to fly (vi)	[tʊ flaɪ]
лічити (рахувати)	to count (vt)	[tʊ ˈkaʊnt]
ловити	to catch (vt)	[tʊ kætʃ]

мати	to have (vt)	[tʊ hæv]
мовчати	to keep silent	[tʊ kiːp ˈsaɪlənt]
могти	can (v aux)	[kæn]
молитися	to pray (vi, vt)	[tʊ preɪ]
наказувати (військ.)	to order (vi, vt)	[tʊ ˈɔːdə]

належати	to belong to ...	[tʊ bɪ'lɔ:ŋ tʊ ...]
наполягати (на рішенні)	to insist (vi, vt)	[tʊ ɪn'sɪst]
недооцінювати	to underestimate (vt)	[tʊ ʌndə'rɛstɪmeɪt]

15. Найважливіші дієслова - 3

обговорювати	to discuss (vt)	[tʊ dɪs'kʌs]
об'єднувати	to unite (vt)	[tʊ ju:'naɪt]
обідати	to have lunch	[tʊ hæv lʌntʃ]
обіцяти	to promise (vt)	[tʊ 'prɑ:mɪs]
обманювати	to deceive (vi, vt)	[tʊ dɪ'si:v]

ображати	to insult (vt)	[tʊ ɪn'sʌlt]
означати	to mean (vt)	[tʊ mi:n]
падати	to fall (vi)	[tʊ fɔ:l]
передбачити (очікувати)	to expect (vt)	[tʊ ɪk'spɛkt]
перекладати (текст)	to translate (vt)	[tʊ 'trænsleɪt]

писати	to write (vt)	[tʊ raɪt]
підказати (відгадку)	to give a hint	[tʊ gɪv ə hɪnt]
підписувати	to sign (vt)	[tʊ saɪn]
плавати	to swim (vi)	[tʊ swɪm]
плакати	to cry (vi)	[tʊ kraɪ]

планувати	to plan (vt)	[tʊ plæn]
платити	to pay (vi, vt)	[tʊ peɪ]
плутати (помилятися)	to confuse, to mix up (vt)	[tʊ kən'fju:z], [tʊ mɪks ʌp]
повертати (напр. ліворуч)	to turn (vi)	[tʊ tɜ:n]
повторювати	to repeat (vt)	[tʊ rɪ'pi:t]

погоджуватися	to agree (vi)	[tʊ ə'gri:]
погрожувати	to threaten (vt)	[tʊ 'θrɛtən]
подобатися	to like (vt)	[tʊ laɪk]
показувати	to show (vt)	[tʊ ʃoʊ]
покарати	to punish (vt)	[tʊ 'pʌnɪʃ]

полювати	to hunt (vi, vt)	[tʊ hʌnt]
помилятися	to make a mistake	[tʊ meɪk ə mɪ'steɪk]
помічати (бачити)	to notice (vt)	[tʊ 'noʊtɪs]
попереджувати	to warn (vt)	[tʊ wɔ:n]
порівнювати	to compare (vt)	[tʊ kəm'pɛə]

посміхатися	to smile (vi)	[tʊ smaɪl]
поспішати	to hurry (vi)	[tʊ 'hʌrɪ]
починати	to begin (vi)	[tʊ bɪ'gɪn]
пояснювати	to explain (vt)	[tʊ ɪk'spleɪn]
працювати	to work (vi)	[tʊ wɜ:k]

| приїжджати | to arrive (vi) | [tʊ ə'raɪv] |
| прикрашати | to decorate (vt) | [tʊ 'dɛkəreɪt] |

припиняти (~ зв'язки)	to stop (vt)	[tʊ stɑːp]
пробувати (намагатися)	to try (vt)	[tʊ traɪ]
продавати	to sell (vt)	[tʊ sɛl]

продовжувати	to continue (vt)	[tʊ kən'tɪnjuː]
пропонувати	to propose (vt)	[tʊ prə'poʊz]
пропускати (уроки і т. ін.)	to miss (vt)	[tʊ mɪs]
просити	to ask (vt)	[tʊ æsk]
прощати	to forgive (vt)	[tʊ fə'gɪv]

16. Найважливіші дієслова - 4

радити	to advise (vt)	[tʊ əd'vaɪz]
резервувати	to reserve, to book	[tʊ rɪ'zɜːv], [tʊ bʊk]
рекомендувати	to recommend (vt)	[tʊ rɛkə'mɛnd]
рити	to dig (vt)	[tʊ dɪg]
робити	to do (vt)	[tʊ duː]

розраховувати на...	to count on ...	[tʊ 'kaʊnt ɑːn ...]
розуміти	to understand (vt)	[tʊ ʌndə'stænd]
рятувати	to save, to rescue	[tʊ seɪv], [tʊ 'rɛskjuː]
сідати	to sit down (vi)	[tʊ sɪt 'daʊn]
сказати	to say (vt)	[tʊ seɪ]
скаржитися	to complain (vi, vt)	[tʊ kəm'pleɪn]

сміятися	to laugh (vi)	[tʊ læf]
снідати	to have breakfast	[tʊ hæv 'brɛkfəst]
сподіватися	to hope (vi, vt)	[tʊ 'hoʊp]
спостерігати	to observe (vt)	[tʊ əb'zɜːv]
спускатися	to come down	[tʊ kʌm 'daʊn]

створити	to create (vt)	[tʊ kriː'eɪt]
стріляти	to shoot (vi)	[tʊ ʃuːt]
сумніватися	to doubt (vi)	[tʊ 'daʊt]
торкати	to touch (vt)	[tʊ tʌtʃ]
убивати	to kill (vt)	[tʊ kɪl]

упускати	to drop (vt)	[tʊ drɑːp]
хвалитися	to boast (vi)	[tʊ 'boʊst]
ховати	to hide (vt)	[tʊ haɪd]
хотіти	to want (vt)	[tʊ wɑːnt]

| хотіти їсти | to be hungry | [tʊ bi 'hʌŋgrɪ] |
| хотіти пити | to be thirsty | [tʊ bi 'θɜːstɪ] |

цікавитися	to be interested in ...	[tʊ bi 'ɪntrɛstɪd ɪn ...]
чекати	to wait (vt)	[tʊ weɪt]
читати	to read (vi, vt)	[tʊ riːd]
чути	to hear (vt)	[tʊ hɪə]
шукати	to look for ...	[tʊ lʊk fɔː ...]

ЧАС. КАЛЕНДАР

17. Дні тижня
18. Годинник. Час доби
19. Місяці. Пори року

T&P Books Publishing

понеділок (ч)	**Monday**	['mʌndɪ], ['mʌndeɪ]
вівторок (ч)	**Tuesday**	['tu:zdɪ], ['tu:zdeɪ]
середа (ж)	**Wednesday**	['wenzdɪ], ['wenzdeɪ]
четвер (ч)	**Thursday**	['θɜ:zdɪ], ['θɜ:zdeɪ]
п'ятниця (ж)	**Friday**	['fraɪdɪ], ['fraɪdeɪ]
субота (ж)	**Saturday**	['sætədɪ], ['sætədeɪ]
неділя (ж)	**Sunday**	['sʌndɪ], ['sʌndeɪ]
сьогодні	**today**	[tə'deɪ]
завтра	**tomorrow**	[tə'mɔːroʊ]
післязавтра	**the day after tomorrow**	[ðə deɪ 'æftə tə'mɔːroʊ]
вчора	**yesterday**	['jɛstədeɪ]
позавчора	**the day before yesterday**	[ðə deɪ bɪ'fɔː 'jɛstədeɪ]
день (ч)	**day**	[deɪ]
робочий день (ч)	**working day**	['wɜːkɪŋ deɪ]
святковий день (ч)	**public holiday**	['pʌblɪk 'hɑːlɪdeɪ]
вихідний день (ч)	**day off**	[deɪ ɔːf]
вихідні (мн)	**weekend**	['wiːkɛnd]
весь день	**all day long**	[ɔːl deɪ lɔːŋ]
на наступний день	**the next day**	[ðə nɛkst deɪ]
2 дні тому	**two days ago**	[tu deɪz ə'goʊ]
напередодні	**the day before**	[ðə deɪ bɪ'fɔː]
щоденний	**daily**	['deɪlɪ]
щодня	**every day**	['ɛvrɪ deɪ]
тиждень (ч)	**week**	[wiːk]
на минулому тижні	**last week**	[læst wiːk]
на наступному тижні	**next week**	[nɛkst wiːk]
щотижневий	**weekly**	['wiːklɪ]
щотижня	**every week**	['ɛvrɪ wiːk]
два рази на тиждень	**twice a week**	[twaɪs ə wiːk]
кожен вівторок	**every Tuesday**	['ɛvrɪ 'tuːzdeɪ]

18. Годинник. Час доби

ранок (ч)	**morning**	['mɔːnɪŋ]
вранці	**in the morning**	[ɪn ðə 'mɔːnɪŋ]
полудень (ч)	**noon, midday**	[nuːn], ['mɪddeɪ]
після обіду	**in the afternoon**	[ɪn ði æftə'nuːn]
вечір (ч)	**evening**	['iːvnɪŋ]

увечері	in the evening	[ɪn ðɪ 'i:vnɪŋ]
ніч (ж)	night	[naɪt]
уночі	at night	[ət naɪt]
північ (ж)	midnight	['mɪdnaɪt]

секунда (ж)	second	['sɛkənd]
хвилина (ж)	minute	['mɪnɪt]
година (ж)	hour	['aʊə]
півгодини (мн)	half an hour	[hæf ən 'aʊə]
чверть (ж) години	a quarter-hour	[ə 'kwɔ:tər 'aʊə]
15 хвилин	fifteen minutes	[fɪf'ti:n 'mɪnɪts]
доба (ж)	twenty four hours	['twɛntɪ fɔ: 'aʊəz]

схід (ч) сонця	sunrise	['sʌnraɪz]
світанок (ч)	dawn	[dɔ:n]
ранній ранок (ч)	early morning	['з:lɪ 'mɔ:nɪŋ]
захід (ч)	sunset	['sʌnsɛt]

рано вранці	early in the morning	['з:lɪ ɪn ðə 'mɔ:nɪŋ]
сьогодні вранці	this morning	[ðɪs 'mɔ:nɪŋ]
завтра вранці	tomorrow morning	[tə'mɔ:roʊ 'mɔ:nɪŋ]

сьогодні вдень	this afternoon	[ðɪs æftə'nu:n]
після обіду	in the afternoon	[ɪn ðɪ æftə'nu:n]
завтра після обіду	tomorrow afternoon	[tə'mɔ:roʊ æftə'nu:n]

сьогодні увечері	tonight	[tə'naɪt]
завтра увечері	tomorrow night	[tə'mɔ:roʊ naɪt]

рівно о третій годині	at 3 o'clock sharp	[ət θri: ə'klɑ:k ʃɑ:p]
біля четвертої години	about 4 o'clock	[ə'baʊt fɔ:r ə'klɑ:k]
до дванадцятої години	by 12 o'clock	[baɪ twɛlv ə'klɑ:k]

за двадцять хвилин	in 20 minutes	[ɪn 'twɛntɪ 'mɪnɪts]
за годину	in an hour	[ɪn ən 'aʊə]
вчасно	on time	[ɑ:n taɪm]

без чверті	a quarter to ...	[ə 'kwɔ:tə tʊ ...]
протягом години	within an hour	[wɪ'ðɪn æn 'aʊə]
кожні п'ятнадцять хвилин	every 15 minutes	['ɛvrɪ fɪf'ti:n 'mɪnɪts]
цілодобово	round the clock	['raʊnd ðə klɑ:k]

19. Місяці. Пори року

січень (ч)	January	['dʒænjʊərɪ]
лютий (ч)	February	['fɛbrʊərɪ]
березень (ч)	March	[mɑ:tʃ]
квітень (ч)	April	['eɪprəl]
травень (ч)	May	[meɪ]
червень (ч)	June	[dʒu:n]

липень (ч)	**July**	[dʒuːˈlaɪ]
серпень (ч)	**August**	[ˈɔːgəst]
вересень (ч)	**September**	[sɛpˈtɛmbə]
жовтень (ч)	**October**	[ɑːkˈtoʊbə]
листопад (ч)	**November**	[noʊˈvɛmbə]
грудень (ч)	**December**	[dɪˈsɛmbə]
весна (ж)	**spring**	[sprɪŋ]
навесні	**in (the) spring**	[ɪn (ðə) sprɪŋ]
весняний	**spring**	[sprɪŋ]
літо (с)	**summer**	[ˈsʌmə]
влітку	**in (the) summer**	[ɪn (ðə) ˈsʌmə]
літній	**summer**	[ˈsʌmə]
осінь (ж)	**fall**	[fɔːl]
восени	**in (the) fall**	[ɪn (ðə) fɔːl]
осінній	**fall**	[fɔːl]
зима (ж)	**winter**	[ˈwɪntə]
взимку	**in (the) winter**	[ɪn (ðə) ˈwɪntə]
зимовий	**winter**	[ˈwɪntə]
місяць (ч)	**month**	[mʌnθ]
в цьому місяці	**this month**	[ðɪs mʌnθ]
в наступному місяці	**next month**	[nɛkst mʌnθ]
в минулому місяці	**last month**	[læst mʌnθ]
місяць тому	**a month ago**	[ə mʌnθ əˈgoʊ]
через місяць	**in a month**	[ɪn ə mʌnθ]
через 2 місяці	**in two months**	[ɪn tuː mʌnθs]
весь місяць	**the whole month**	[ðə hoʊl mʌnθ]
цілий місяць	**all month long**	[ɔːl mʌnθ lɔːŋ]
щомісячний	**monthly**	[ˈmʌnθlɪ]
щомісяця	**monthly**	[ˈmʌnθlɪ]
кожний місяць	**every month**	[ˈɛvrɪ mʌnθ]
два рази на місяць	**twice a month**	[twaɪs ə mʌnθ]
рік (ч)	**year**	[jɪə]
в цьому році	**this year**	[ðɪs jɪə]
в наступному році	**next year**	[nɛkst jɪə]
в минулому році	**last year**	[læst jɪə]
рік тому	**a year ago**	[ə jɪər əˈgoʊ]
через рік	**in a year**	[ɪn ə jɪə]
через два роки	**in two years**	[ɪn tuː jɪəz]
увесь рік	**the whole year**	[ðə ˈhoʊl jɪə]
цілий рік	**all year long**	[ɔːl jɪə lɔːŋ]
кожен рік	**every year**	[ˈɛvrɪ jɪə]
щорічний	**annual**	[ˈænjʊəl]

| щороку | **annually** | ['ænjʋəlɪ] |
| чотири рази на рік | **4 times a year** | [fɔ: taɪmz ə jɪə] |

число (с) (день місяця)	**date**	[deɪt]
дата (ж) (~ народження)	**date**	[deɪt]
календар (ч)	**calendar**	['kælɪndə]

півроку	**half a year**	[hæf ə jɪə]
півріччя (с)	**six months**	[sɪks mʌnθs]
сезон (ч)	**season**	['si:zən]
вік (ч) (століття)	**century**	['sentʃərɪ]

ТУРПОЇЗДКА. ГОТЕЛЬ

20. Турпоїздка
21. Готель
22. Пам'ятки

T&P Books Publishing

туризм (ч)	tourism, travel	['tʊrɪzəm], ['trævəl]
турист (ч)	tourist	['tʊrɪst]
мандрівка (ж), подорож (ж)	trip	[trɪp]
пригода (ж)	adventure	[əd'vɛntʃə]
поїздка (ж)	trip, journey	[trɪp], ['dʒɜːnɪ]
відпустка (ж)	vacation	[və'keɪʃn]
бути у відпустці	to be on vacation	[tʊ bi ɑːn və'keɪʃn]
відпочинок (ч)	rest	[rɛst]
поїзд (ч)	train	[treɪn]
поїздом	by train	[baɪ treɪn]
літак (ч)	airplane	['ɛəpleɪn]
літаком	by airplane	[baɪ 'ɛəpleɪn]
автомобілем	by car	[baɪ kɑː]
кораблем	by ship	[baɪ ʃɪp]
багаж (ч)	luggage	['lʌgɪdʒ]
валіза (ж)	suitcase	['suːtkeɪs]
візок (ч) для багажу	luggage cart	['lʌgɪdʒ kɑːt]
паспорт (ч)	passport	['pæspɔːt]
віза (ж)	visa	['viːzə]
квиток (ч) (на поїзд і т. ін.)	ticket	['tɪkɪt]
авіаквиток (ч)	air ticket	['ɛə 'tɪkɪt]
путівник (ч)	guidebook	['gaɪdbʊk]
карта (ж) (географ.)	map	[mæp]
місцевість (ж)	area	['ɛrɪə]
місце (с)	place, site	[pleɪs], [saɪt]
екзотика (ж)	exotica	[ɪg'zɑːtɪkə]
екзотичний	exotic	[ɪg'zɑːtɪk]
дивовижний	amazing	[ə'meɪzɪŋ]
група (ж)	group	[gruːp]
екскурсія (ж)	excursion	[ɪk'skɜːʒn]
екскурсовод (ч)	guide	[gaɪd]

21. Готель

| готель (ч) | hotel | [hoʊ'tɛl] |
| мотель (ч) | motel | [moʊ'tɛl] |

три зірки	three-star	[θriː stɑː]
п'ять зірок	five-star	[faɪv stɑː]
зупинитися (в готелі)	to stay (vi)	[tʊ steɪ]

номер (ч) (у готелі)	room	[ruːm]
одномісний номер (ч)	single room	['sɪŋgl ruːm]
двомісний номер (ч)	double room	['dʌbl ruːm]
бронювати номер	to book a room	[tʊ bʊk ə ruːm]

| напівпансіон (ч) | half board | [hæf bɔːd] |
| повний пансіон (ч) | full board | [fʊl bɔːd] |

з ванною	with bath	[wɪð bæθ]
з душем	with shower	[wɪð 'ʃaʊə]
супутникове телебачення (с)	satellite television	['sætəlaɪt 'tɛlɪvɪʒn]
кондиціонер (ч)	air-conditioner	[ɛə kən'dɪʃənə]
рушник (ч)	towel	['taʊəl]
ключ (ч)	key	[kiː]

адміністратор (ч)	administrator	[əd'mɪnɪstreɪtə]
покоївка (ж)	chambermaid	['tʃeɪmbə‚meɪd]
носильник (ч)	porter, bellboy	['pɔːtə], ['bɛlbɔɪ]
портьє (ч)	doorman	['dɔːmən]

ресторан (ч)	restaurant	['rɛstərɑːnt]
бар (ч)	pub, bar	[pʌb], [bɑː]
сніданок (ч)	breakfast	['brɛkfəst]
вечеря (ж)	dinner	['dɪnə]
шведський стіл (ч)	buffet	[bə'feɪ]

вестибюль (ч)	lobby	['lɑːbɪ]
ліфт (ч)	elevator	['ɛlɪveɪtə]
НЕ ТУРБУВАТИ	DO NOT DISTURB	[du nɑːt dɪ'stɜːb]
ПАЛИТИ ЗАБОРОНЕНО	NO SMOKING	['noʊ 'smoʊkɪŋ]

22. Пам'ятки

пам'ятник (ч)	monument	['mɑːnjʊmənt]
фортеця (ж)	fortress	['fɔːtrəs]
палац (ч)	palace	['pælɪs]
замок (ч)	castle	['kæsl]
вежа (ж)	tower	['taʊə]
мавзолей (ч)	mausoleum	[mɔːzə'lɪəm]

архітектура (ж)	architecture	['ɑːkɪtɛktʃə]
середньовічний	medieval	[mɪ'diːvəl]
старовинний	ancient	['eɪnʃənt]
національний	national	['næʃnəl]
відомий	famous	['feɪməs]

турист (ч)	**tourist**	['tʊrɪst]
гід (ч) (екскурсовод)	**guide**	[gaɪd]
екскурсія (ж)	**excursion**	[ɪk'skɜːʒn]
показувати	**to show** (vt)	[tʊ 'ʃoʊ]
розповідати	**to tell** (vt)	[tʊ tɛl]
знайти	**to find** (vt)	[tʊ faɪnd]
загубитися	**to get lost**	[tʊ gɛt lɔːst]
схема (ж) (напр. ~ метро)	**map**	[mæp]
план (ч) (міста і т. ін.)	**map**	[mæp]
сувенір (ч)	**souvenir, gift**	[suːvə'nɪə], [gɪft]
магазин (ч) сувенірів	**gift shop**	[gɪft ʃɑːp]
фотографувати	**to take pictures**	[tʊ teɪk 'pɪktʃəz]
фотографуватися	**to have one's picture taken**	[tʊ hæv wʌnz 'pɪktʃə 'teɪkən]

ТРАНСПОРТ

23. Аеропорт
24. Літак
25. Поїзд
26. Корабель

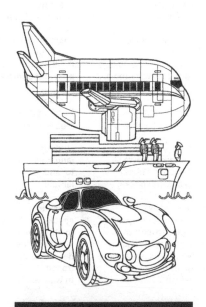

T&P Books Publishing

аеропорт (ч)	**airport**	['ɛəpɔːt]
літак (ч)	**airplane**	['ɛəpleɪn]
авіакомпанія (ж)	**airline**	['ɛəlaɪn]
авіадиспетчер (ч)	**air traffic controller**	['ɛə 'træfɪk kən'troʊlə]
виліт (ч)	**departure**	[dɪ'pɑːʧə]
приліт (ч), прибуття (с)	**arrival**	[ə'raɪvl]
прилетіти	**to arrive** (vi)	[tʊ ə'raɪv]
час (ч) вильоту	**departure time**	[dɪ'pɑːʧə taɪm]
час (ч) прильоту	**arrival time**	[ə'raɪvl taɪm]
затримуватися (про рейс)	**to be delayed**	[tʊ bi dɪ'leɪd]
затримка (ж) вильоту	**flight delay**	[flaɪt dɪ'leɪ]
інформаційне табло (с)	**information board**	[ɪnfə'meɪʃn bɔːd]
інформація (ж)	**information**	[ɪnfə'meɪʃn]
оголошувати	**to announce** (vt)	[tʊ ə'naʊns]
рейс (ч)	**flight**	[flaɪt]
митниця (ж)	**customs**	['kʌstəmz]
митник (ч)	**customs officer**	['kʌstəmz 'ɔːfɪsə]
митна декларація (ж)	**customs declaration**	['kʌstəmz dɛklə'reɪʃn]
заповнити	**to fill out** (vt)	[tʊ fɪl 'aʊt]
заповнити декларацію	**to fill out the declaration**	[tʊ fɪl 'aʊt ðə dɛklə'reɪʃn]
паспортний контроль (ч)	**passport control**	['pæspɔːt kən'troʊl]
багаж (ч)	**luggage**	['lʌgɪʤ]
ручний вантаж (ж)	**hand luggage**	[hænd 'lʌgɪʤ]
візок (ч) для багажу	**luggage cart**	['lʌgɪʤ kɑːt]
посадка (ж)	**landing**	['lændɪŋ]
посадкова смуга (ж)	**landing strip**	['lændɪŋ strɪp]
сідати (про літак)	**to land** (vi)	[tʊ lænd]
трап (ч) (до літака)	**airstair**	[ɛə'stɛə]
реєстрація (ж)	**check-in**	[ʧɛk ɪn]
стійка (ж) реєстрації	**check-in counter**	[ʧɛk ɪn 'kaʊntə]
зареєструватися	**to check-in** (vi)	[tʊ ʧɛk ɪn]
посадковий талон (ч)	**boarding pass**	['bɔːdɪŋ pæs]
вихід (ч) (на посадку)	**departure gate**	[dɪ'pɑːʧə geɪt]
транзит (ч)	**transit**	['trænzɪt]
чекати	**to wait** (vt)	[tʊ weɪt]

зал (ч) очікування	**departure lounge**	[dɪ'pɑːtʃə 'laʊndʒ]
проводжати	**to see off**	[tʊ siː ɔːf]
прощатися	**to say goodbye**	[tʊ seɪ ɡʊd'baɪ]

24. Літак

літак (ч)	**airplane**	['ɛəpleɪn]
авіаквиток (ч)	**air ticket**	['ɛə 'tɪkɪt]
авіакомпанія (ж)	**airline**	['ɛəlaɪn]
аеропорт (ч)	**airport**	['ɛəpɔːt]
надзвуковий	**supersonic**	[suːpə'sɑːnɪk]

командир (ч) корабля	**captain**	['kæptɪn]
екіпаж (ч)	**crew**	[kruː]
пілот (ч)	**pilot**	['paɪlət]
стюардеса (ж)	**flight attendant**	[flaɪt ə'tɛndənt]
штурман (ч)	**navigator**	['nævɪɡeɪtə]

крила (мн)	**wings**	[wɪŋz]
хвіст (ч)	**tail**	[teɪl]
кабіна (ж)	**cockpit**	['kɑːkpɪt]
двигун (ч)	**engine**	['ɛndʒɪn]
шасі (с)	**landing gear**	['lændɪŋ ɡɪə]
турбіна (ж)	**turbine**	['tɜːbaɪn]

пропелер (ч)	**propeller**	[prə'pɛlə]
чорна скринька (ж)	**black box**	[blæk bɑːks]
штурвал (ч)	**yoke, control column**	[joʊk], [kən'troʊl 'kɑːləm]
пальне (с)	**fuel**	[fjuːəl]

інструкція (ж) з безпеки	**safety card**	['seɪftɪ kɑːd]
киснева маска (ж)	**oxygen mask**	['ɑːksɪdʒən mæsk]
уніформа (ж)	**uniform**	['juːnɪfɔːm]
рятувальний жилет (ч)	**life vest**	['laɪf vɛst]
парашут (ч)	**parachute**	['pærəʃuːt]

зліт (ч)	**takeoff**	['teɪk 'ɔːf]
злітати	**to take off** (vi)	[tʊ teɪk ɔːf]
злітна смуга (ж)	**runway**	['rʌnweɪ]

видимість (ж)	**visibility**	[vɪzɪ'bɪlɪtɪ]
політ (ч)	**flight**	[flaɪt]
висота (ж)	**altitude**	['æltɪtuːd]
повітряна яма (ж)	**air pocket**	[ɛə 'pɑːkɪt]

місце (с)	**seat**	[siːt]
навушники (мн)	**headphones**	['hɛdfoʊnz]
відкидний столик (ч)	**folding tray**	['foʊldɪŋ treɪ]
ілюмінатор (ч)	**window**	['wɪndoʊ]
прохід (ч)	**aisle**	[aɪl]

25. Поїзд

поїзд (ч)	**train**	[treɪn]
електропоїзд (ч)	**commuter train**	[kə'mjuːtə treɪn]
швидкий поїзд (ч)	**express train**	[ɪk'sprɛs treɪn]
тепловоз (ч)	**diesel locomotive**	['diːzəl loʊkə'moʊtɪv]
паровоз (ч)	**steam locomotive**	[stiːm loʊkə'moʊtɪv]
вагон (ч)	**passenger car**	['pæsɪndʒə kɑː]
вагон-ресторан (ч)	**dining car**	['daɪnɪŋ kɑː]
рейки (мн)	**rails**	[reɪlz]
залізниця (ж)	**railroad**	['reɪlroʊd]
шпала (ж)	**railway tie**	['reɪlweɪ taɪ]
платформа (ж)	**platform**	['plætfɔːm]
колія (ж)	**track**	[træk]
семафор (ч)	**semaphore**	['sɛməfɔː]
станція (ж)	**station**	['steɪʃn]
машиніст (ч)	**engineer**	[ɛndʒɪ'nɪə]
носильник (ч)	**porter**	['pɔːtə]
провідник (ч)	**car attendant**	[kɑːr ə'tɛndənt]
пасажир (ч)	**passenger**	['pæsɪndʒə]
контролер (ч)	**conductor**	[kən'dʌktə]
коридор (ч)	**corridor**	['kɔːrɪdɔː]
стоп-кран (ч)	**emergency brake**	[ɪ'mɜːdʒənsɪ breɪk]
купе (с)	**compartment**	[kəm'pɑːtmənt]
полиця (ж) (у поїзді)	**berth**	[bɜːθ]
полиця (ж) верхня	**upper berth**	['ʌpə bɜːθ]
полиця (ж) нижня	**lower berth**	['loʊə bɜːθ]
білизна (ж)	**bed linen, bedding**	[bɛd 'lɪnɪn], ['bɛdɪŋ]
квиток (ч)	**ticket**	['tɪkɪt]
розклад (ч)	**schedule**	['skɛdʒʊl]
табло (с) (розклад)	**information display**	[ɪnfə'meɪʃn dɪ'spleɪ]
від'їжджати	**to leave, to depart**	[tʊ liːv], [tʊ dɪ'pɑːt]
відправлення (с) (поїзда)	**departure**	[dɪ'pɑːtʃə]
прибувати	**to arrive** (vi)	[tʊ ə'raɪv]
прибуття (с)	**arrival**	[ə'raɪvl]
приїхати поїздом	**to arrive by train**	[tʊ ə'raɪv baɪ treɪn]
сісти на поїзд	**to get on the train**	[tʊ get ɑːn ðə treɪn]
зійти з поїзду	**to get off the train**	[tʊ get əv ðə treɪn]
катастрофа (ж)	**train wreck**	[treɪn rɛk]
зійти з рейок	**to derail** (vi)	[tʊ dɪ'reɪl]
паровоз (ч)	**steam locomotive**	[stiːm loʊkə'moʊtɪv]

кочегар (ч)	stoker, fireman	['stoʊkə], ['faɪəmən]
топка (ж)	firebox	['faɪəbɑːks]
вугілля (с)	coal	['koʊl]

26. Корабель

| корабель (ч) | ship | [ʃɪp] |
| судно (с) | vessel | [vɛsl] |

пароплав (ч)	steamship	['stiːmʃɪp]
теплохід (ч)	riverboat	['rɪvəboʊt]
лайнер (ч)	cruise ship	[kruːz ʃɪp]
крейсер (ч)	cruiser	['kruːzə]

яхта (ж)	yacht	[jɑːt]
буксир (ч)	tugboat	['tʌgboʊt]
баржа (ж)	barge	[bɑːdʒ]
паром (ч)	ferry	['fɛrɪ]

| вітрильник (ч) | sailing ship | ['seɪlɪŋ ʃɪp] |
| бригантина (ж) | brigantine | ['brɪgəntiːn] |

| криголам (ч) | ice breaker | [aɪs 'breɪkə] |
| підводний човен (ч) | submarine | [sʌbmə'riːn] |

човен (ч)	boat	['boʊt]
шлюпка (ж)	dinghy	['dɪŋgɪ]
шлюпка (ж) рятувальна	lifeboat	['laɪfboʊt]
катер (ч)	motorboat	['moʊtəboʊt]

капітан (ч)	captain	['kæptɪn]
матрос (ч)	seaman	['siːmən]
моряк (ч)	sailor	['seɪlə]
екіпаж (ч)	crew	[kruː]

боцман (ч)	boatswain	['boʊtsweɪn]
юнга (ч)	ship's boy	[ʃɪps bɔɪ]
кок (ч)	cook	[kʊk]
судновий лікар (ч)	ship's doctor	[ʃɪps 'dɑːktə]

палуба (ж)	deck	[dɛk]
щогла (ж)	mast	[mæst]
вітрило (с)	sail	[seɪl]

трюм (ч)	hold	['hoʊld]
ніс (ч) (корабля)	bow	['boʊ]
корма (ж)	stern	[stɜːn]
весло (с)	oar	[ɔː]
гвинт (ч)	propeller	[prə'pɛlə]
каюта (ж)	cabin	['kæbɪn]

кают-компанія (ж)	wardroom	['wɔ:drʊm]
машинне відділення (с)	engine room	['ɛndʒɪn rʊm]
капітанський місток (ч)	bridge	[brɪdʒ]
радіорубка (ж)	radio room	['reɪdɪoʊ rʊm]
хвиля (ж) (радіо)	wave	[weɪv]
судновий журнал (ч)	logbook	['lɔ:gbʊk]
підзорна труба (ж)	spyglass	['spaɪglæs]
дзвін (ч)	bell	[bɛl]
прапор (ч)	flag	[flæg]
канат (ч)	hawser	['hɔ:zə]
вузол (ч) (на мотузці)	knot	[nɑ:t]
поручень (ч)	deckrails	['dɛkreɪlz]
трап (ч)	gangway	['gæŋweɪ]
якір (ч)	anchor	['æŋkə]
підняти якір	to weigh anchor	[tʊ weɪ 'æŋkə]
кинути якір	to drop anchor	[tʊ drɑ:p 'æŋkə]
якірний ланцюг (ч)	anchor chain	['æŋkə tʃeɪn]
порт (ч)	port	[pɔ:t]
причал (ч)	quay, wharf	[kweɪ], [wɔ:f]
причалювати	to berth, to moor	[tʊ bɜ:θ], [tʊ mɔ:]
відчалювати	to cast off	[tʊ kæst ɔ:f]
подорож (ж)	trip	[trɪp]
круїз (ч)	cruise	[kru:z]
курс (ч)	course	[kɔ:s]
маршрут (ч)	route	['raʊt]
фарватер (ч)	fairway	['fɛəweɪ]
мілина (ж)	shallows	['ʃælouz]
сісти на мілину	to run aground	[tʊ rʌn ə'graʊnd]
буря (ж)	storm	[stɔ:m]
сигнал (ч)	signal	['sɪgnəl]
тонути (про корабель)	to sink (vi)	[tʊ sɪŋk]
Людина за бортом!	Man overboard!	[mæn 'oʊvəbɔ:d]
SOS	SOS	[ɛs oʊ ɛs]
рятувальний круг (ч)	ring buoy	[rɪŋ bu:ɪ]

МІСТО

27. Міський транспорт
28. Місто. Життя у місті
29. Міські установи
30. Вивіски. Вказівники
31. Покупки

T&P Books Publishing

автобус (ч)	**bus**	[bʌs]
трамвай (ч)	**streetcar**	['striːtkɑː]
тролейбус (ч)	**trolley bus**	['trɑːlɪ bʌs]
маршрут (ч)	**route**	['raʊt]
номер (ч) (напр. автобуса)	**number**	['nʌmbə]
їхати на…	**to go by …**	[tʊ 'goʊ baɪ …]
сісти (в автобус і т. ін.)	**to get on**	[tʊ ɡɛt ɑːn]
вийти (з автобуса і т. ін.)	**to get off**	[tʊ ɡɛt ɔːf]
зупинка (ж) (автобуса)	**stop**	[stɑːp]
наступна зупинка (ж)	**next stop**	[nɛkst stɑːp]
кінцева зупинка (ж)	**terminus**	['tɜːmɪnəs]
розклад (ч)	**schedule**	['skɛdʒʊl]
чекати	**to wait** (vt)	[tʊ weɪt]
квиток (ч)	**ticket**	['tɪkɪt]
вартість (ж) квитка	**fare**	[fɛə]
касир (ч)	**cashier**	[kæ'ʃɪə]
контроль (ч) (у транспорті)	**ticket inspection**	['tɪkɪt ɪn'spɛkʃn]
контролер (ч)	**ticket inspector**	['tɪkɪt ɪn'spɛktə]
запізнюватися	**to be late**	[tʊ bi 'leɪt]
спізнитися (на автобус)	**to miss** (vt)	[tʊ mɪs]
поспішати (кудись)	**to be in a hurry**	[tʊ bi ɪn ə 'hʌrɪ]
таксі (c)	**taxi, cab**	['tæksɪ], [kæb]
таксист (ч)	**taxi driver**	['tæksɪ 'draɪvə]
на таксі	**by taxi**	[baɪ 'tæksɪ]
стоянка таксі	**taxi stand**	['tæksɪ stænd]
викликати таксі	**to call a taxi**	[tʊ kɔːl ə 'tæksɪ]
взяти таксі	**to take a taxi**	[tʊ teɪk ə 'tæksɪ]
вуличний рух (ч)	**traffic**	['træfɪk]
затор (ч) (на дорозі)	**traffic jam**	['træfɪk dʒæm]
години (мн) пік	**rush hour**	['rʌʃ ˌaʊə]
паркуватися	**to park** (vi)	[tʊ pɑːk]
паркувати	**to park** (vt)	[tʊ pɑːk]
стоянка (ж) (авто)	**parking lot**	['pɑːkɪŋ lɑːt]
метро (c)	**subway**	['sʌbweɪ]
станція (ж)	**station**	['steɪʃn]

їхати в метро	to take the subway	[tʊ teɪk ðə 'sʌbweɪ]
поїзд (ч)	train	[treɪn]
вокзал (ч) (залізничний)	train station	[treɪn 'steɪʃn]

28. Місто. Життя у місті

місто (с)	city, town	['sɪtɪ], ['taʊn]
столиця (ж)	capital	['kæpɪtəl]
село (с)	village	['vɪlɪdʒ]

план (ч) міста	city map	['sɪtɪ mæp]
центр (ч) міста	downtown	['daʊn͵taʊn]
передмістя (с)	suburb	['sʌbɜːb]
приміський	suburban	[sə'bɜːbən]

околиця (ж) (міста)	outskirts	['aʊtskɜːts]
околиці (мн)	environs	[ɪn'vaɪrənz]
квартал (ч)	city block	['sɪtɪ blɑːk]
житловий квартал (ч)	residential block	[rɛzɪ'dɛnʃəl blɑːk]

вуличний рух (ч)	traffic	['træfɪk]
світлофор (ч)	traffic lights	['træfɪk laɪts]
міський транспорт (ч)	public transportation	['pʌblɪk trænspɔː'teɪʃn]
перехрестя (с)	intersection	['ɪntəsɛkʃn]

пішохідний перехід (ч)	crosswalk	['krɔːswɔːk]
підземний перехід (ч)	pedestrian underpass	[pə'dɛstrɪən 'ʌndəpɑːs]
переходити (вулицю)	to cross (vt)	[tʊ krɔːs]
пішохід (ч)	pedestrian	[pə'dɛstrɪən]
тротуар (ч)	sidewalk	['saɪdwɔːk]

міст (ч)	bridge	[brɪdʒ]
набережна (ж)	embankment	[ɪm'bæŋkmənt]
фонтан (ч)	fountain	['faʊntɪn]

алея (ж)	allée	['aleɪ]
парк (ч)	park	[pɑːk]
бульвар (ч)	boulevard	['buːləvɑːd]
площа (ж)	square	[skwɛə]
проспект (ч)	avenue	['ævənuː]
вулиця (ж)	street	[striːt]
провулок (ч)	side street	[saɪd striːt]
глухий кут (ч)	dead end	[dɛd ɛnd]

будинок (ч)	house	['haʊs]
споруда (ж)	building	['bɪldɪŋ]
хмарочос (ч)	skyscraper	['skaɪ͵skreɪpə]

| фасад (ч) | facade | [fə'sɑːd] |
| дах (ч) | roof | [ruːf] |

вікно (с)	window	['wɪndoʊ]
арка (ж)	arch	[ɑ:tʃ]
колона (ж)	column	['kɑ:ləm]
ріг (ч) (будинку)	corner	['kɔ:nə]

вітрина (ж)	store window	[stɔ: 'wɪndoʊ]
вивіска (ж)	signboard	['saɪnbɔ:d]
афіша (ж)	poster	['poʊstə]
рекламний плакат (ч)	advertising poster	['ædvətaɪzɪŋ 'poʊstə]
рекламний щит (ч)	billboard	['bɪlbɔ:d]

сміття (с) (відходи)	garbage, trash	['gɑ:bɪdʒ], [træʃ]
урна (ж) (для сміття)	trash can	['træʃkæn]
смітити	to litter (vi)	[tʊ 'lɪtə]
смітник (ч)	garbage dump	['gɑ:bɪdʒ dʌmp]

телефонна будка (ж)	phone booth	['foʊn bu:θ]
ліхтарний стовп (ч)	street light	['stri:t laɪt]
лавка (ж)	bench	[bɛntʃ]

поліцейський (ч)	police officer	[pə'li:s 'ɔ:fɪsə]
поліція (ж)	police	[pə'li:s]
жебрак (ч)	beggar	['bɛgə]
безпритульний (ч)	homeless	['hoʊmləs]

29. Міські установи

магазин (ч)	store	[stɔ:]
аптека (ж)	drugstore, pharmacy	['drʌgstɔ:], ['fɑ:məsɪ]
оптика (ж)	eyeglass store	['aɪglæs stɔ:]
торгівельний центр (ч)	shopping mall	['ʃɑ:pɪŋ mɔ:l]
супермаркет (ч)	supermarket	['su:pəmɑ:kɪt]

пекарня (ж)	bakery	['beɪkərɪ]
пекар (ч)	baker	['beɪkə]
кондитерська (ж)	pastry shop	['peɪstrɪ ʃɑ:p]
бакалія (ж)	grocery store	['groʊsərɪ stɔ:]
м'ясний магазин (ч)	butcher shop	['bʊtʃə ʃɑ:p]

| овочевий магазин (ч) | produce store | ['proʊdu:s stɔ:] |
| ринок (ч) | market | ['mɑ:kɪt] |

кав'ярня (ж)	coffee house	['kɔ:fɪ 'haʊs]
ресторан (ч)	restaurant	['rɛstərɑ:nt]
пивна (ж)	pub, bar	[pʌb], [bɑ:]
піцерія (ж)	pizzeria	[pi:tsə'rɪə]

перукарня (ж)	hair salon	['hɛə sə'lɑn]
пошта (ж)	post office	['poʊst 'ɔ:fɪs]
хімчистка (ж)	dry cleaners	[draɪ 'kli:nəz]

фотоательє (с)	photo studio	['foʊtoʊ 'stu:dɪoʊ]
взуттєвий магазин (ч)	shoe store	['ʃu: stɔ:]
книгарня (ж)	bookstore	['bʊkstɔ:]
спортивний магазин (ч)	sporting goods store	['spɔ:tɪŋ gʊdz stɔ:]

ремонт (ч) одягу	clothes repair shop	['kloʊðz rɪ'pɛə ʃɑ:p]
прокат (ч) одягу	formal wear rental	['fɔ:məl wɛə 'rɛntəl]
прокат (ч) фільмів	video rental store	['vɪdɪoʊ 'rɛntəl stɔ:]

цирк (ч)	circus	['sɜ:kəs]
зоопарк (ч)	zoo	[zu:]
кінотеатр (ч)	movie theater	['mu:vɪ 'θɪətə]
музей (ч)	museum	[mjʊ'zi:əm]
бібліотека (ж)	library	['laɪbrərɪ]

театр (ч)	theater	['θɪətə]
опера (ж)	opera	['ɑ:pərə]
нічний клуб (ч)	nightclub	['naɪtklʌb]
казино (с)	casino	[kə'si:noʊ]

мечеть (ж)	mosque	[mɑ:sk]
синагога (ж)	synagogue	['sɪnəgɑ:g]
собор (ч)	cathedral	[kə'θi:drəl]
храм (ч)	temple	['tɛmpl]
церква (ж)	church	[tʃɜ:tʃ]

інститут (ч)	college	['kɑ:lɪdʒ]
університет (ч)	university	[ju:nɪ'vɜ:sətɪ]
школа (ж)	school	[sku:l]

префектура (ж)	prefecture	['pri:fɛktʃə]
мерія (ж)	city hall	['sɪtɪ hɔ:l]
готель (ч)	hotel	[hoʊ'tɛl]
банк (ч)	bank	[bæŋk]

посольство (с)	embassy	['ɛmbəsɪ]
турагентство (с)	travel agency	['trævəl 'eɪdʒənsɪ]
довідкове бюро (с)	information office	[ɪnfə'meɪʃn 'ɔ:fɪs]
обмінний пункт (ч)	currency exchange	['kʌrənsɪ ɪks'tʃeɪndʒ]

| метро (с) | subway | ['sʌbweɪ] |
| лікарня (ж) | hospital | ['hɑ:spɪtəl] |

| автозаправка (ж) | gas station | [gæs 'steɪʃn] |
| автостоянка (ж) | parking lot | ['pɑ:kɪŋ lɑ:t] |

30. Вивіски. Вказівники

| вивіска (ж) | signboard | ['saɪnbɔ:d] |
| напис (ч) | notice | ['noʊtɪs] |

плакат (ч)	poster	['poʊstə]
вказівник (ч)	direction sign	[dɪ'rɛkʃn saɪn]
стрілка (ж) (вказівник)	arrow	['ærou]

застереження (с)	caution	['kɔːʃn]
попередження (с)	warning sign	['wɔːnɪŋ saɪn]
попереджувати	to warn (vt)	[tʊ wɔːn]

вихідний день (ч)	rest day	[rɛst deɪ]
розклад (ч)	timetable	['taɪmˌteɪbl]
години (мн) роботи	opening hours	['oʊpənɪŋ 'aʊəz]

ЛАСКАВО ПРОСИМО!	WELCOME!	['wɛlkəm]
ВХІД	ENTRANCE	['ɛntrəns]
ВИХІД	EXIT	['ɛksɪt]

ВІД СЕБЕ	PUSH	[pʊʃ]
ДО СЕБЕ	PULL	[pʊl]
ВІДЧИНЕНО	OPEN	['oʊpən]
ЗАЧИНЕНО	CLOSED	['kloʊzd]

| ДЛЯ ЖІНОК | WOMEN | ['wɪmɪn] |
| ДЛЯ ЧОЛОВІКІВ | MEN | [mɛn] |

ЗНИЖКИ	DISCOUNTS	['dɪskaʊnts]
РОЗПРОДАЖ	SALE	[seɪl]
НОВИНКА!	NEW!	[nuː]
БЕЗКОШТОВНО	FREE	[friː]

УВАГА!	ATTENTION!	[ə'tɛnʃn]
МІСЦЬ НЕМАЄ	NO VACANCIES	['noʊ 'veɪkənsɪz]
ЗАРЕЗЕРВОВАНО	RESERVED	[rɪ'zɜːvd]

| АДМІНІСТРАЦІЯ | ADMINISTRATION | [ədmɪnɪ'streɪʃn] |
| ТІЛЬКИ ДЛЯ ПЕРСОНАЛУ | STAFF ONLY | [stæf 'oʊnlɪ] |

ОБЕРЕЖНО! ЗЛИЙ ПЕС	BEWARE OF THE DOG!	[bɪ'wɛə əv ðə dɔːg]
ПАЛИТИ ЗАБОРОНЕНО	NO SMOKING	['noʊ 'smoʊkɪŋ]
НЕ ТОРКАТИСЯ!	DO NOT TOUCH!	[də nɑːt tʌtʃ]

НЕБЕЗПЕЧНО	DANGEROUS	['deɪndʒərəs]
НЕБЕЗПЕКА	DANGER	['deɪndʒə]
ВИСОКА НАПРУГА	HIGH VOLTAGE	[haɪ 'voʊltɪdʒ]
КУПАТИСЯ ЗАБОРОНЕНО	NO SWIMMING!	['noʊ 'swɪmɪŋ]
НЕ ПРАЦЮЄ	OUT OF ORDER	['aʊt əv 'ɔːdə]

ВОГНЕНЕБЕЗПЕЧНО	FLAMMABLE	['flæməbl]
ЗАБОРОНЕНО	FORBIDDEN	[fə'bɪdən]
ПРОХІД ЗАБОРОНЕНО	NO TRESPASSING!	['noʊ 'trɛspəsɪŋ]
ПОФАРБОВАНО	WET PAINT	[wet peɪnt]

31. Покупки

купляти	**to buy** (vt)	[tʊ baɪ]
покупка (ж)	**purchase**	['pɜ:tʃəs]
робити покупки	**to go shopping**	[tʊ 'goʊ 'ʃɑ:pɪŋ]
шопінг (ч)	**shopping**	['ʃɑ:pɪŋ]
працювати (про магазин)	**to be open**	[tʊ bi 'oʊpən]
зачинитися	**to be closed**	[tʊ bi 'kloʊzd]
взуття (с)	**footwear, shoes**	['fʊtwɛə], [ʃu:z]
одяг (ч)	**clothes, clothing**	['kloʊðz], ['kloʊðɪŋ]
косметика (ж)	**cosmetics**	[kaz'mɛtɪks]
продукти (мн)	**food products**	[fu:d 'prɑ:dʌkts]
подарунок (ч)	**gift, present**	[gɪft], ['prɛzənt]
продавець (ч)	**salesman**	['seɪlzmən]
продавщиця (ж)	**saleswoman**	['seɪlz͵wʊmən]
каса (ж) (у магазині)	**check out, cash desk**	[tʃɛk aʊt], [kæʃ dɛsk]
дзеркало (с)	**mirror**	['mɪrə]
прилавок (ч)	**counter**	['kaʊntə]
примірочна (ж)	**fitting room**	['fɪtɪŋ rʊm]
приміряти	**to try on** (vt)	[tʊ traɪ ɑ:n]
пасувати (про одяг)	**to fit** (vt)	[tʊ fɪt]
подобатися	**to like** (vt)	[tʊ laɪk]
ціна (ж)	**price**	[praɪs]
цінник (ч) (на одязі)	**price tag**	['praɪs tæg]
коштувати	**to cost** (vt)	[tʊ kɔ:st]
Скільки? (про вартість)	**How much?**	['haʊ 'mʌtʃ]
знижка (ж)	**discount**	['dɪskaʊnt]
недорогий	**inexpensive**	[ɪnɪk'spɛnsɪv]
дешевий	**cheap**	[tʃi:p]
дорогий	**expensive**	[ɪk'spɛnsɪv]
Це дорого.	**It's expensive**	[ɪts ɪk'spɛnsɪv]
прокат (ч)	**rental**	['rɛntəl]
взяти напрокат	**to rent** (vt)	[tʊ rɛnt]
кредит (ч)	**credit**	['krɛdɪt]
в кредит	**on credit**	[ɑ:n 'krɛdɪt]

ОДЯГ. АКСЕСУАРИ

32. Верхній одяг
33. Одяг
34. Одяг. Білизна
35. Головний убір
36. Взуття
37. Аксесуари
38. Одяг. Різне
39. Засоби особистої гігієни.
    Косметика
40. Годинник

T&P Books Publishing

32. Верхній одяг

одяг (ч)	clothes	[ˈkloʊðz]
верхній одяг (ч)	outerwear	[ˈaʊtəwɛə]
зимовий одяг (ч)	winter clothing	[ˈwɪntə ˈkloʊðɪŋ]

пальто (с)	coat, overcoat	[ˈkoʊt], [ˈoʊvəkoʊt]
шуба (ж)	fur coat	[fɜː ˈkoʊt]
кожушок (ч)	fur jacket	[fɜː ˈdʒækɪt]
пуховик (ч)	down coat	[ˈdaʊn ˈkoʊt]

куртка (ж) (шкіряна)	jacket	[ˈdʒækɪt]
плащ (ч)	raincoat	[ˈreɪnkoʊt]
непромокальний	waterproof	[ˈwɔːtəpruːf]

33. Одяг

сорочка (ж)	shirt	[ʃɜːt]
штани (мн)	pants	[pænts]
джинси (мн)	jeans	[dʒiːnz]
піджак (ч)	jacket	[ˈdʒækɪt]
костюм (ч) (чоловічий)	suit	[suːt]

сукня (ж)	dress	[drɛs]
спідниця (ж)	skirt	[skɜːt]
блузка (ж)	blouse	[ˈblaʊz]
кофта (ж) (вовняна)	knitted jacket	[ˈnɪtɪd ˈdʒækɪt]
жакет (ч)	jacket	[ˈdʒækɪt]

футболка (ж)	T-shirt	[ˈtiːʃɜːt]
шорти (мн)	shorts	[ʃɔːts]
спортивний костюм (ч)	tracksuit	[ˈtræksuːt]
халат (ч) (махровий)	bathrobe	[ˈbæθroʊb]
піжама (ж)	pajamas	[pəˈdʒɑːməz]

| светр (ч) | sweater | [ˈswɛtə] |
| пуловер (ч) | pullover | [ˈpʊloʊvə] |

жилет (ч)	vest	[vɛst]
фрак (ч)	tailcoat	[ˈteɪlkoʊt]
смокінг (ч)	tuxedo	[tʌkˈsiːdoʊ]

| форма (ж) (уніформа) | uniform | [ˈjuːnɪfɔːm] |
| робочий одяг (ч) | workwear | [ˈwɜːkwɛə] |

| комбінезон (ч) | overalls | ['oʊvərɔːlz] |
| халат (ч) (лікаря) | coat | ['koʊt] |

34. Одяг. Білизна

білизна (ж) (нижня)	underwear	['ʌndəwɛə]
труси (мн)	boxers, briefs	['bɑːksərz], [briːfs]
жіноча білизна (трусики)	panties	['pæntɪz]
майка (ж)	undershirt	['ʌndəʃɜːt]
шкарпетки (мн)	socks	[sɑːks]

нічна сорочка (ж)	nightdress	['naɪtdrɛs]
бюстгальтер (ч)	bra	[brɑː]
гольфи (мн) (шкарпетки)	knee highs	[niː haɪs]
колготки (мн)	pantyhose	['pæntɪhoʊz]
панчохи (мн)	stockings	['stɑːkɪŋz]
купальник (ч)	bathing suit	['beɪðɪŋ suːt]

35. Головний убір

шапка (ж)	hat	[hæt]
капелюх (ч)	fedora	[fɪ'dɔːrə]
бейсболка (ж)	baseball cap	['beɪsbɔːl kæp]
кашкет (ч)	flatcap	[flæt kæp]

берет (ч)	beret	[bə'reɪ]
каптур (ч)	hood	[hʊd]
панамка (ж)	panama	['pænəmɑː]
в'язана шапочка (ж)	knit cap, knitted hat	[nɪt kæp], ['nɪtɪd hæt]

| хустка (ж) (на голову) | headscarf | ['hɛdskɑːf] |
| капелюшок (жіночий) | women's hat | ['wɪmɪns hæt] |

каска (ж)	hard hat	[hɑːd hæt]
пілотка (ж) (військ.)	garrison cap	['gærɪsən kæp]
шолом (ч)	helmet	['hɛlmɪt]

| циліндр (капелюх) | derby | ['dɜːrbɪ] |
| циліндр (ч) | top hat | [tɑːp hæt] |

36. Взуття

взуття (с)	footwear	['fʊtwɛə]
черевики (мн)	shoes	[ʃuːz]
туфлі (мн)	shoes	[ʃuːz]
чоботи (мн)	boots	[buːts]

капці (мн)	slippers	['slɪpərz]
кросівки (мн)	tennis shoes	['tɛnɪs ʃuːz]
кеди (мн)	sneakers	['sniːkəz]
сандалі (мн)	sandals	['sændəlz]

чоботар (ч)	cobbler, shoe repairer	['kɑːblə], [ʃuː rɪ'pɛərə]
каблук (ч)	heel	[hiːl]
пара (ж) (взуття)	pair	[pɛə]

шнурок (ч)	shoestring	['ʃuːstrɪŋ]
шнурувати (черевики)	to lace (vt)	[tʊ leɪs]
ріжок (ч) для взуття	shoe horn	[ʃuː hɔːrn]
крем (ч) для взуття	shoe polish	[ʃuː 'pʊlɪʃ]

37. Аксесуари

рукавички (мн)	gloves	[glʌvz]
рукавиці (мн)	mittens	['mɪtənz]
шарф (ч)	scarf	[skɑːf]

окуляри (мн)	glasses	['glæsɪz]
оправа (ж)	frame	[freɪm]
парасолька (ж)	umbrella	[ʌm'brɛlə]
ціпок (ч)	walking stick	['wɔːkɪŋ stɪk]
щітка (ж) для волосся	hairbrush	['hɛəbrʌʃ]
віяло (с)	fan	[fæn]

краватка (ж)	tie	[taɪ]
краватка-метелик (ж)	bow tie	['bɒʊ taɪ]
підтяжки (мн)	suspenders	[sə'spɛndəz]
носовичок (ч)	handkerchief	['hæŋkətʃɪf]

гребінець (ч)	comb	['kɒʊm]
заколка (ж)	barrette	[bæ'rɛt]
шпилька (ж)	hairpin	['hɛəpɪn]
пряжка (ж)	buckle	['bʌkl]

| ремінь (пояс) | belt | [bɛlt] |
| ремінь (ч) (сумки) | shoulder strap | ['ʃɒʊldə stræp] |

сумка (ж)	bag	[bæg]
сумочка (ж) (жіноча)	purse	[pɜːrs]
рюкзак (ч)	backpack	['bækpæk]

38. Одяг. Різне

| мода (ж) | fashion | ['fæʃn] |
| модний | in vogue | [ɪn 'vɒʊg] |

модельєр (ч)	fashion designer	['fæʃn dɪ'zaɪnə]
комір (ч)	collar	['kɑːlə]
кишеня (ж)	pocket	['pɑːkɪt]
кишеньковий	pocket	['pɑːkɪt]
рукав (ч)	sleeve	[sliːv]
петля (ж) (на комірі пальто і т. ін.)	hanging loop	['hæŋɪŋ luːp]
ширинка (ж)	fly	[flaɪ]

блискавка (ж) (застібка)	zipper	['zɪpə]
застібка (ж)	fastener	['fɑːsənə]
ґудзик (ч)	button	['bʌtn]
петля (ж) (для ґудзика)	buttonhole	['bʌtnhoʊl]
відірватися (про ґудзик)	to come off	[tʊ kʌm ɔːf]

шити	to sew (vi, vt)	[tʊ 'soʊ]
вишивати	to embroider (vi, vt)	[tʊ ɪm'brɔɪdə]
вишивка (ж)	embroidery	[ɪm'brɔɪdərɪ]
голка (ж) (для шиття)	sewing needle	['soʊɪŋ 'niːdl]
нитка (ж)	thread	[θrɛd]
шов (ч) (швейний)	seam	[siːm]

забруднитися	to get dirty (vi)	[tʊ gɛt 'dɜːtɪ]
пляма (ж)	stain	[steɪn]
зім'ятися (про одяг)	to crease, to crumple (vi)	[tʊ kriːs], [tʊ 'krʌmpl]
порвати (пошкодити)	to tear, to rip (vt)	[tʊ tɛə], [tʊ rɪp]
міль (ж)	clothes moth	['kloʊðz mɔːθ]

39. Засоби особистої гігієни. Косметика

зубна паста (ж)	toothpaste	['tuːθpeɪst]
зубна щітка (ж)	toothbrush	['tuːθbrʌʃ]
чистити зуби	to brush one's teeth	[tʊ brʌʃ wʌns tiːθ]

бритва (ж)	razor	['reɪzə]
крем (ч) для гоління	shaving cream	['ʃeɪvɪŋ kriːm]
голитися	to shave (vi)	[tʊ ʃeɪv]

| мило (с) | soap | ['soʊp] |
| шампунь (ч) | shampoo | [ʃæm'puː] |

ножиці (мн)	scissors	['sɪzəz]
пилочка (ж) для нігтів	nail file	[neɪl faɪl]
щипчики (мн)	nail clippers	[neɪl 'klɪpərz]
пінцет (ч)	tweezers	['twiːzəz]

косметика (ж)	cosmetics	[kɑz'mɛtɪks]
маска (ж) (косметична)	facial mask	['feɪʃəl mɑːsk]
манікюр (ч)	manicure	['mænɪkjʊə]
робити манікюр	to have a manicure	[tʊ hæv ə 'mænɪkjʊə]

педикюр (ч)	pedicure	['pɛdɪkjʊə]
косметичка (ж)	make-up bag	['meɪk ʌp bæg]
пудра (ж)	face powder	[feɪs 'paʊdə]
пудрениця (ж)	powder compact	['paʊdə 'kɑːmpækt]
рум'яна (мн)	blusher	['blʌʃə]
парфуми (мн)	perfume	[pə'fjuːm]
туалетна вода (ж)	toilet water	['tɔɪlɪt 'wɔːtə]
лосьйон (ч)	lotion	['loʊʃn]
одеколон (ч)	cologne	[kə'loʊn]
тіні (мн) для повік	eyeshadow	['aɪˌʃædoʊ]
олівець (ч) для очей	eyeliner	['aɪˌlaɪnə]
туш (ж)	mascara	[mæs'kærə]
губна помада (ж)	lipstick	['lɪpstɪk]
лак (ч) для нігтів	nail polish	[neɪl 'poʊlɪʃ]
лак (ч) для волосся	hair spray	[hɛə spreɪ]
дезодорант (ч)	deodorant	[dɪ'oʊdərənt]
крем (ч)	cream	[kriːm]
крем (ч) для обличчя	face cream	[feɪs kriːm]
крем (ч) для рук	hand cream	[hænd kriːm]
крем (ч) проти зморшок	anti-wrinkle cream	['ænti 'rɪŋkəl kriːm]
денний крем (ч)	day cream	[deɪ kriːm]
нічний крем (ч)	night cream	[naɪt kriːm]
денний	day	[deɪ]
нічний	night	[naɪt]
тампон (ч)	tampon	['tæmpɑːn]
туалетний папір (ч)	toilet paper	['tɔɪlɪt 'peɪpə]
фен (ч)	hair dryer	['hɛə 'draɪə]

40. Годинник

годинник (ч) (наручний)	watch	[wɑːtʃ]
циферблат (ч)	dial	['daɪəl]
стрілка (ч)	hand	[hænd]
браслет (ч) (годинника)	bracelet	['breɪslɪt]
ремінець (ч)	watch strap	[wɑːtʃ stræp]
батарейка (ж)	battery	['bætəri]
сісти (про батарейку)	to be dead	[tʊ bi dɛd]
поміняти батарейку	to change a battery	[tʊ tʃeɪndʒ ə 'bætəri]
поспішати (про годинник)	to run fast	[tʊ rʌn fæst]
відставати	to run slow	[tʊ rʌn 'sloʊ]
годинник (ч) настінний	wall clock	[wɔːl klɑːk]
годинник (ч) пісочний	hourglass	['aʊəˌglæs]
годинник (ч) сонячний	sundial	['sʌndaɪəl]

будильник (ч)	**alarm clock**	[ə'lɑːm klɑːk]
годинникар (ч)	**watchmaker**	['wɑːʧmeɪkə]
ремонтувати	**to repair** (vt)	[tʊ rɪ'pɛə]

ПОВСЯКДЕННИЙ ДОСВІД

41. Гроші
42. Пошта
43. Банк
44. Телефон. Спілкування по телефону
45. Телефон. Мобільний телефон
46. Канцелярське приладдя
47. Вивчення іноземних мов

T&P Books Publishing

гроші (мн)	money	['mʌnɪ]
обмін (ч)	currency exchange	['kʌrənsɪ ɪks'ʧeɪnʤ]
курс (ч) (валют)	exchange rate	[ɪks'ʧeɪnʤ reɪt]
банкомат (ч)	ATM	[eɪti:'em]
монета (ж)	coin	[kɔɪn]

| долар (ч) | dollar | ['dɑːlə] |
| євро (с) | euro | ['jʊroʊ] |

італійська ліра (ж)	lira	['lɪrə]
марка (ж)	Deutschmark	['dɔɪʧmɑːk]
франк (ч)	franc	[fræŋk]
фунт (ч)	pound sterling	['paʊnd 'stɜːlɪŋ]
єна (ж)	yen	[jєṅ]

борг (ч)	debt	[dɛt]
боржник (ч)	debtor	['dɛtə]
позичити	to lend (vt)	[tʊ lɛnd]
взяти в борг	to borrow (vt)	[tʊ 'bɑːroʊ]

банк (ч)	bank	[bæŋk]
рахунок (ч) (у банку)	account	[ə'kaʊnt]
покласти (на рахунок)	to deposit (vt)	[tʊ dɪ'pɑːzɪt]
покласти на рахунок	to deposit into the account	[tʊ dɪ'pɑːzɪt 'ɪntʊ ðɪ ə'kaʊnt]
зняти з рахунку	to withdraw (vt)	[tʊ wɪð'drɔː]

кредитна картка (ж)	credit card	['krɛdɪt kɑːd]
готівка (ж)	cash	[kæʃ]
чек (ч)	check	[ʧɛk]
виписати чек	to write a check	[tʊ raɪt ə ʧɛk]
чекова книжка (ж)	checkbook	['ʧɛkbʊk]

портмоне (с)	wallet	['wɑːlɪt]
гаманець (ч)	change purse	[ʧeɪnʤ pɜːs]
сейф (ч)	safe	[seɪf]

спадкоємець (ч)	heir	[ɛə]
спадщина (ж) (спадок)	inheritance	[ɪn'hɛrɪtəns]
статок (ч)	fortune	['fɔːʧuːn]

оренда (ж)	lease	[liːs]
квартирна плата (ж)	rent	[rɛnt]
зняти (~ квартиру)	to rent (vt)	[tʊ rɛnt]

ціна (ж)	price	[praɪs]
вартість (ж)	cost	[kɔːst]
сума (ж)	sum	[sʌm]

витрачати	to spend (vt)	[tu spend]
витрати (мн)	expenses	[ɪkˈspɛnsɪz]
економити	to economize (vi, vt)	[tu ɪˈkɑːnəmaɪz]
економний	economical	[iːkəˈnɑːmɪkəl]

платити	to pay (vi, vt)	[tu peɪ]
оплата (ж)	payment	[ˈpeɪmənt]
решта (ж) (гроші)	change	[tʃeɪndʒ]

податок (ч)	tax	[tæks]
штраф (ч)	fine	[faɪn]
штрафувати	to fine (vt)	[tu faɪn]

42. Пошта

пошта (ж) (установа)	post office	[ˈpoʊst ˈɔːfɪs]
пошта (ж) (листи)	mail	[meɪl]
листоноша (ч)	mailman	[ˈmeɪlmən]
години (мн) роботи	opening hours	[ˈoʊpənɪŋ ˈaʊəz]

лист (ч)	letter	[ˈlɛtə]
рекомендований лист (ч)	registered letter	[ˈrɛdʒɪstəd ˈlɛtə]
листівка (ж)	postcard	[ˈpoʊstkɑːd]
телеграма (ж)	telegram	[ˈtɛlɪɡræm]
посилка (ж)	package, parcel	[ˈpækɪdʒ], [ˈpɑːsəl]
грошовий переказ (ч)	money transfer	[ˈmʌnɪ ˈtrænsfɜː]

отримати	to receive (vt)	[tu rɪˈsiːv]
відправити	to send (vt)	[tu sɛnd]
відправлення (с) (листа)	sending	[ˈsɛndɪŋ]
адреса (ж)	address	[əˈdrɛs]
індекс (ч)	ZIP code	[zɪp ˈkoʊd]
відправник (ч)	sender	[ˈsɛndə]
одержувач (ч)	receiver	[rɪˈsiːvə]

| ім'я (с) | first name | [fɜːst neɪm] |
| прізвище (с) | surname, last name | [ˈsɜːneɪm], [læst neɪm] |

тариф (ч)	rate	[reɪt]
звичайний	standard	[ˈstændəd]
економічний	economical	[iːkəˈnɑːmɪkəl]

вага (ж)	weight	[weɪt]
зважувати	to weigh (vt)	[tu weɪ]
конверт (ч)	envelope	[ˈɛnvəloʊp]
марка (ж)	postage stamp	[ˈpoʊstɪdʒ stæmp]

приклеювати марку   **to stamp an envelope**   [tʊ stæmp ən ˈɛnvəloʊp]

43. Банк

| банк (ч) | bank | [bæŋk] |
| відділення (с) | branch | [bræntʃ] |

| консультант (ч) | clerk, consultant | [klɜːk], [kənˈsʌltənt] |
| керівник (ч) | manager | [ˈmænɪdʒə] |

рахунок (ч)	bank account	[bæŋk əˈkaʊnt]
номер (ч) рахунка	account number	[əˈkaʊnt ˈnʌmbə]
поточний рахунок (ч)	checking account	[ˈtʃɛkɪŋ əˈkaʊnt]
накопичувальний рахунок (ч)	savings account	[ˈseɪvɪŋz əˈkaʊnt]

відкрити рахунок	to open an account	[tʊ ˈoʊpən ən əˈkaʊnt]
закрити рахунок	to close the account	[tʊ ˈkloʊz ði əˈkaʊnt]
покласти на рахунок	to deposit into the account	[tʊ dɪˈpɑːzɪt ˈɪntʊ ði əˈkaʊnt]
зняти з рахунку	to withdraw (vt)	[tʊ wɪðˈdrɔː]

внесок (ч)	deposit	[dɪˈpɑːzɪt]
зробити внесок	to make a deposit	[tʊ meɪk ə dɪˈpɑːzɪt]
переказ (ч)	wire transfer	[ˈwaɪə ˈtrænsfɜː]
зробити переказ	to wire, to transfer	[tʊ ˈwaɪə], [tʊ trænsˈfɜː]
сума (ж)	sum	[sʌm]
Скільки? (про гроші)	How much?	[ˈhaʊ ˈmʌtʃ]

| підпис (ч) | signature | [ˈsɪgnətʃə] |
| підписати | to sign (vt) | [tʊ saɪn] |

кредитна картка (ж)	credit card	[ˈkrɛdɪt kɑːd]
код (ч)	code	[ˈkoʊd]
номер (ч) кредитної картки	credit card number	[ˈkrɛdɪt kɑːd ˈnʌmbə]
банкомат (ч)	ATM	[eɪtiːˈem]

чек (ч)	check	[tʃɛk]
виписати чек	to write a check	[tʊ raɪt ə tʃɛk]
чекова книжка (ж)	checkbook	[ˈtʃɛkbʊk]

кредит (ч)	loan	[ˈloʊn]
звертатися за кредитом	to apply for a loan	[tʊ əˈplaɪ fɔːrə ˈloʊn]
брати кредит	to get a loan	[tʊ gɛt ə ˈloʊn]
надавати кредит	to give a loan	[tʊ gɪv ə ˈloʊn]
застава (ж) (гарантія)	guarantee	[gærənˈtiː]

44. Телефон. Спілкування по телефону

| телефон (ч) | telephone | [ˈtɛlɪfoʊn] |

мобільний телефон (ч)	cell phone	['sɛlfoʊn]
автовідповідач (ч)	answering machine	['ɑːnsərɪŋ məˈʃiːn]
зателефонувати	to call (vi, vt)	[tʊ kɔːl]
дзвінок (ч) (по телефону)	phone call	['foʊn kɔːl]

набрати номер	to dial a number	[tʊ 'daɪəl ə 'nʌmbə]
Алло!	Hello!	[həˈloʊ]
запитати	to ask (vt)	[tʊ æsk]
відповісти	to answer (vi, vt)	[tʊ 'ænsə]

чути	to hear (vt)	[tʊ hɪə]
добре	well	[wɛl]
погано	not well	[nɑːt wɛl]
перешкоди (мн)	noises	['nɔɪzɪz]

трубка (ж) (телефонна)	receiver	[rɪˈsiːvə]
зняти трубку	to pick up the phone	[tʊ pɪk ʌp ðə 'foʊn]
покласти трубку	to hang up	[tʊ hæŋg ʌp]

зайнятий (про лінію)	busy	['bɪzɪ]
дзвонити (по телефону)	to ring (vi)	[tʊ rɪŋ]
телефонна книга (ж)	telephone book	['tɛlɪfoʊn bʊk]

місцевий (дзвінок)	local	['loʊkəl]
місцевий зв'язок (ч)	local call	['loʊkəl kɔːl]
міжміський	long distance	[lɔːŋ 'dɪstəns]
міжміський зв'язок (ч)	long distance call	[lɔːŋ 'dɪstəns kɔːl]
міжнародний	international	[ˌɪntəˈnæʃnəl]
міжнародний зв'язок (ч)	international call	[ˌɪntəˈnæʃnəl kɔːl]

45. Телефон. Мобільний телефон

мобільний телефон (ч)	cell phone	['sɛlfoʊn]
дисплей (ч)	display	[dɪˈspleɪ]
кнопка (ж)	button	['bʌtn]
SIM-карта (ж)	SIM card	[sɪm kɑːd]

батарея (ж)	battery	['bætərɪ]
розрядитися	to be dead	[tʊ bi dɛd]
зарядний пристрій (ч)	charger	['tʃɑːdʒə]
меню (с)	menu	['mɛnjuː]
настройки (мн)	settings	['sɛtɪŋz]
мелодія (ж)	tune	[tuːn]
вибрати	to select (vt)	[tʊ sɪˈlɛkt]

калькулятор (ч)	calculator	['kælkjʊleɪtə]
автовідповідач (ч)	voice mail	[vɔɪs meɪl]
будильник (ч)	alarm clock	[əˈlɑːm klɑːk]
телефонна книга (ж)	contacts	['kɑːntækts]
SMS-повідомлення (с)	SMS	[ɛsɛmˈɛs]

| абонент (ч) | **subscriber** | [səb'skraɪbə] |

46. Канцелярське приладдя

авторучка (ж)	**ballpoint pen**	['bɔːlpɔɪnt pɛn]
ручка-перо (с)	**fountain pen**	['faʊntɪn pɛn]
олівець (ч)	**pencil**	['pɛnsl]
маркер (ч)	**highlighter**	['haɪlaɪtə]
фломастер (ч)	**felt-tip pen**	[fɛlt tɪp pɛn]
блокнот (ч)	**notepad**	['noʊtpæd]
щоденник (ч)	**agenda**	[ə'dʒɛndə]
лінійка (ж)	**ruler**	['ruːlə]
калькулятор (ч)	**calculator**	['kælkjʊleɪtə]
гумка (ж)	**eraser**	[ɪ'reɪsə]
кнопка (ж)	**thumbtack**	['θʌmtæk]
скріпка (ж)	**paper clip**	['peɪpə klɪp]
клей (ч)	**glue**	[gluː]
степлер (ч)	**stapler**	['steɪplə]
діркопробивач (ч)	**hole punch**	['hoʊl pʌntʃ]
стругачка (ж)	**pencil sharpener**	['pɛnsl 'ʃɑːpənə]

47. Вивчення іноземних мов

мова (ж) (українська і т. ін.)	**language**	['læŋgwɪdʒ]
іноземний	**foreign**	['fɔːrən]
іноземна мова (ж)	**foreign language**	['fɔːrən 'læŋgwɪdʒ]
вивчати	**to study** (vt)	[tʊ 'stʌdɪ]
вчити (мову)	**to learn** (vt)	[tʊ lɜːn]
читати	**to read** (vi, vt)	[tʊ riːd]
говорити	**to speak** (vi, vt)	[tʊ spiːk]
розуміти	**to understand** (vt)	[tʊ ʌndə'stænd]
писати	**to write** (vt)	[tʊ raɪt]
швидко	**quickly, fast**	['kwɪklɪ], [fæst]
повільно	**slowly**	['sloʊlɪ]
вільно	**fluently**	['fluːəntlɪ]
правила (мн)	**rules**	[ruːlz]
граматика (ж)	**grammar**	['græmə]
лексика (ж)	**vocabulary**	[və'kæbjələrɪ]
фонетика (ж)	**phonetics**	[fə'nɛtɪks]
підручник (ч)	**textbook**	['tɛkstbʊk]
словник (ч)	**dictionary**	['dɪkʃənərɪ]
самовчитель (ч)	**teach-yourself book**	[tiːtʃ jɔː'sɛlf bʊk]

розмовник (ч)	**phrasebook**	['freɪzbʊk]
касета (ж)	**cassette, tape**	[kæ'sɛt], [teɪp]
відеокасета (ж)	**videotape**	['vɪdɪoʊˌteɪp]
CD-диск (ч)	**CD, compact disc**	[si:'di:], [kəm'pækt dɪsk]
DVD (ч)	**DVD**	[di:vi:'di:]

алфавіт (ч)	**alphabet**	['ælfəbɛt]
говорити по буквах	**to spell** (vt)	[tʊ spɛl]
вимова (ж)	**pronunciation**	[prənʌnsɪ'eɪʃn]

акцент (ч)	**accent**	['æksɛnt]
з акцентом	**with an accent**	[wɪð ən 'æksɛnt]
без акценту	**without an accent**	[wɪ'ðaʊt ən 'æksɛnt]

| слово (с) (одиниця мови) | **word** | [wɜ:d] |
| сенс (ч) | **meaning** | ['mi:nɪŋ] |

курси (мн)	**course**	[kɔ:s]
записатися (на курси)	**to sign up** (vi)	[tʊ saɪn ʌp]
викладач (ч)	**teacher**	['ti:ʧə]

переклад (ч) (процес)	**translation**	[træns'leɪʃn]
переклад (ч) (текст)	**translation**	[træns'leɪʃn]
перекладач (ч)	**translator**	[træns'leɪtə]
перекладач (ч) (усний)	**interpreter**	[ɪn'tɜ:prɪtə]

| поліглот (ч) | **polyglot** | ['pɑ:lɪglɑ:t] |
| пам'ять (ж) | **memory** | ['mɛmərɪ] |

ХАРЧУВАННЯ. РЕСТОРАН

48. Сервірування столу
49. Ресторан
50. Приймання їжі
51. Страви
52. Продукти
53. Напої
54. Овочі
55. Фрукти. Горіхи
56. Солодощі. Хліб
57. Приправи. Спеції

T&P Books Publishing

ложка (ж)	spoon	[spu:n]
ніж (ч)	knife	[naɪf]
виделка (ж)	fork	[fɔːk]
чашка (ж)	cup	[kʌp]
тарілка (ж)	plate	[pleɪt]
блюдце (с)	saucer	['sɔːsə]
серветка (ж)	napkin	['næpkɪn]
зубочистка (ж)	toothpick	['tuːθpɪk]

49. Ресторан

ресторан (ч)	restaurant	['rɛstərɑːnt]
кав'ярня (ж)	coffee house	['kɔːfɪ 'haʊs]
бар (ч)	pub, bar	[pʌb], [bɑː]
чайна (ж)	tearoom	['tiːrʊm]
офіціант (ч)	waiter	['weɪtə]
офіціантка (ж)	waitress	['weɪtrəs]
бармен (ч)	bartender	['bɑːrˌtɛndə]
меню (с)	menu	['mɛnjuː]
карта (ж) вин	wine list	['waɪn lɪst]
забронювати столик	to book a table	[tʊ bʊk ə 'teɪbl]
страва (ж) (їжа)	course, dish	[kɔːs], [dɪʃ]
замовити (страву)	to order (vi, vt)	[tʊ 'ɔːdə]
зробити замовлення	to make an order	[tʊ meɪk ən 'ɔːdə]
аперитив (ч)	aperitif	[əpɛrə'tiːf]
закуска (ж)	appetizer	['æpɪtaɪzə]
десерт (ч)	dessert	[dɪ'zɜːt]
рахунок (ч)	check	[tʃɛk]
оплатити рахунок	to pay the check	[tʊ peɪ ðə tʃɛk]
дати решту	to give change	[tʊ gɪv 'tʃeɪndʒ]
чайові (мн)	tip	[tɪp]

50. Приймання їжі

їжа (ж)	food	[fuːd]
їсти	to eat (vi, vt)	[tʊ iːt]

сніданок (ч)	breakfast	['brɛkfəst]
снідати	to have breakfast	[tʊ hæv 'brɛkfəst]
обід (ч)	lunch	[lʌnʧ]
обідати	to have lunch	[tʊ hæv lʌnʧ]
вечеря (ж)	dinner	['dɪnə]
вечеряти	to have dinner	[tʊ hæv 'dɪnə]

| апетит (ч) | appetite | ['æpɪtaɪt] |
| Смачного! | Enjoy your meal! | [ɪn'ʤɔɪ jɔ: mi:l] |

відкривати (банку і т. ін.)	to open (vt)	[tʊ 'oʊpən]
пролити	to spill (vt)	[tʊ spɪl]
пролитись	to spill out (vi)	[tʊ spɪl 'aʊt]

кипіти	to boil (vi)	[tʊ bɔɪl]
кип'ятити	to boil (vt)	[tʊ bɔɪl]
кип'ячений	boiled	['bɔɪld]
охолодити	to chill, cool down (vt)	[tʊ ʧɪl], [ku:l 'daʊn]
охолоджуватись	to chill (vi)	[tʊ ʧɪl]

| смак (ч) | taste, flavor | [teɪst], ['fleɪvə] |
| присмак (ч) | aftertaste | ['æftəteɪst] |

худнути (втрачати вагу)	to slim down	[tʊ slɪm 'daʊn]
дієта (ж)	diet	['daɪət]
вітамін (ч)	vitamin	['vaɪtəmɪn]
калорія (ж)	calorie	['kælərɪ]
вегетаріанець (ч)	vegetarian	[vɛʤə'tɛrɪən]
вегетаріанський	vegetarian	[vɛʤə'tɛrɪən]

жири (мн)	fats	[fæts]
білки (мн)	proteins	['proʊti:nz]
вуглеводи (мн)	carbohydrates	[kɑ:boʊ'haɪdreɪts]
скибка (ж)	slice	[slaɪs]
шматок (ч)	piece	[pi:s]
крихта (ж) (хлібна)	crumb	[krʌm]

51. Страви

страва (ж)	course, dish	[kɔ:s], [dɪʃ]
кухня (ж)	cuisine	[kwɪ'zi:n]
рецепт (ч) (кулінарний)	recipe	['rɛsəpɪ]
порція (ж)	portion	['pɔ:ʃn]

| салат (ч) | salad | ['sæləd] |
| юшка (ж) | soup | [su:p] |

бульйон (ч)	clear soup	[klɪə su:p]
канапка (ж)	sandwich	['sænwɪʧ]
яєчня (ж)	fried eggs	[fraɪd ɛgz]

гамбургер (ч)	**hamburger**	['hæmbɜ:gə]
біфштекс (ч)	**steak**	[steɪk]
гарнір (ч)	**side dish**	[saɪd dɪʃ]
спагеті (мн)	**spaghetti**	[spə'gɛtɪ]
картопляне пюре (с)	**mashed potatoes**	[mæʃt pə'teɪtoʊz]
піца (ж)	**pizza**	['pi:tsə]
каша (ж)	**porridge**	['pɔ:rɪdʒ]
омлет (ч)	**omelet**	['ɑ:mlət]
варений	**boiled**	['bɔɪld]
копчений	**smoked**	['smoʊkt]
смажений (на сковороді)	**fried**	[fraɪd]
сушений	**dried**	[draɪd]
заморожений	**frozen**	['froʊzn]
маринований	**pickled**	['pɪkəld]
солодкий (чай і т. ін.)	**sweet**	[swi:t]
солоний	**salty**	['sɔ:ltɪ]
холодний	**cold**	['koʊld]
гарячий	**hot**	[hɑ:t]
гіркий	**bitter**	['bɪtə]
смачний	**tasty**	['teɪstɪ]
варити (готувати)	**to cook in boiling water**	[tʊ kʊk in 'bɔɪlɪŋ 'wɔ:tə]
готувати (обід і т. ін.)	**to cook** (vt)	[tʊ kʊk]
смажити	**to fry** (vt)	[tʊ fraɪ]
розігрівати	**to heat up**	[tʊ hi:t ʌp]
солити	**to salt** (vt)	[tʊ sɔ:lt]
перчити	**to pepper** (vt)	[tʊ 'pɛpə]
терти (на тертці)	**to grate** (vt)	[tʊ greɪt]
шкірка (ж)	**peel**	[pi:l]
чистити (картоплю і т. ін.)	**to peel** (vt)	[tʊ pi:l]

52. Продукти

м'ясо (с)	**meat**	[mi:t]
курка (ж)	**chicken**	['tʃɪkɪn]
курча (с) (дитина курки)	**broiler**	['brɔɪlə]
качка (ж)	**duck**	[dʌk]
гусак (ч)	**goose**	[gu:s]
дичина (ж)	**game**	[geɪm]
індичка (ж)	**turkey**	['tɜ:kɪ]
свинина (ж)	**pork**	[pɔ:k]
телятина (ж)	**veal**	[vi:l]
баранина (ж)	**lamb**	[læm]
яловичина (ж)	**beef**	[bi:f]
кріль (ч)	**rabbit**	['ræbɪt]

ковбаса (ж)	sausage	['sɔ:sɪʤ]
сосиска (ж)	vienna sausage	[vi'ɛnə 'sɔ:sɪʤ]
бекон (ч)	bacon	['beɪkən]
шинка (ж)	ham	[hæm]
окіст (ч)	gammon	['gæmən]

паштет (ч)	pâté	['pæteɪ]
печінка (ж)	liver	['lɪvə]
фарш (ч)	ground meat	['graʊnd mi:t]
язик (ч)	tongue	[tʌŋ]

яйце (с)	egg	[ɛg]
яйця (мн)	eggs	[ɛgz]
білок (ч)	egg white	[ɛg waɪt]
жовток (ч)	egg yolk	[ɛg 'joʊk]

риба (ж)	fish	[fɪʃ]
морепродукти (мн)	seafood	['si:fu:d]
ракоподібні (мн)	crustaceans	[krʌ'steɪʃənz]
ікра (ж)	caviar	['kævɪɑ:]

краб (ч)	crab	[kræb]
креветка (ж)	shrimp	[ʃrɪmp]
устриця (ж)	oyster	['ɔɪstə]
лангуст (ч)	spiny lobster	['spaɪnɪ 'lɑ:bstə]
восьминіг (ч)	octopus	['ɑ:ktəpəs]
кальмар (ч)	squid	[skwɪd]

осетрина (ж)	sturgeon	['stɜ:ʤən]
лосось (ч)	salmon	['sæmən]
палтус (ч)	halibut	['hælɪbət]

тріска (ж)	cod	[kɑ:d]
скумбрія (ж)	mackerel	['mækərəl]
тунець (ч)	tuna	['tu:nə]
вугор (ч)	eel	[i:l]

форель (ж)	trout	['traʊt]
сардина (ж)	sardine	[sɑ:'di:n]
щука (ж)	pike	[paɪk]
оселедець (ч)	herring	['hɛrɪŋ]

хліб (ч)	bread	[brɛd]
сир (ч)	cheese	[ʧi:z]
цукор (ч)	sugar	['ʃʊgə]
сіль (ж)	salt	[sɔ:lt]

рис (ч)	rice	[raɪs]
макарони (мн)	pasta	['pæstə]
локшина (ж)	noodles	['nu:dlz]
вершкове масло (с)	butter	['bʌtə]
олія (ж) рослинна	vegetable oil	['vɛʤtəbl ɔɪl]

| соняшникова олія (ж) | sunflower oil | ['sʌnflaʊə ɔɪl] |
| маргарин (ч) | margarine | ['mɑːrdʒərən] |

| оливки (мн) | olives | ['ɑːlɪvz] |
| олія (ж) оливкова | olive oil | ['ɑːlɪv ɔɪl] |

молоко (с)	milk	[mɪlk]
згущене молоко (с)	condensed milk	[kən'dɛnst mɪlk]
йогурт (ч)	yogurt	['joʊɡət]
сметана (ж)	sour cream	['saʊə kriːm]
вершки (мн)	cream	[kriːm]

| майонез (ч) | mayonnaise | ['meɪəneɪz] |
| крем (ч) | buttercream | ['bʌtə͵kriːm] |

крупа (ж)	groats	[ɡrəʊts]
борошно (с)	flour	['flaʊə]
консерви (мн)	canned food	[kænd fuːd]

кукурудзяні пластівці (мн)	cornflakes	['kɔːnfleɪks]
мед (ч)	honey	['hʌnɪ]
джем (ч)	jam	[dʒæm]
жувальна гумка (ж)	chewing gum	['tʃuːɪŋ ɡʌm]

53. Напої

вода (ж)	water	['wɔːtə]
питна вода (ж)	drinking water	['drɪŋkɪŋ 'wɔːtə]
мінеральна вода (ж)	mineral water	['mɪnərəl 'wɔːtə]

без газу	still	[stɪl]
газований	carbonated	['kɑːbəneɪtɪd]
з газом	sparkling	['spɑːklɪŋ]
лід (ч), крига (ж)	ice	[aɪs]
з льодом	with ice	[wɪð aɪs]

безалкогольний	non-alcoholic	[nɑːn ͵ælkə'hɔːlɪk]
безалкогольний напій (ч)	soft drink	[sɔːft drɪŋk]
прохолодний напій (ч)	refreshing drink	[rɪ'frɛʃɪŋ drɪŋk]
лимонад (ч)	lemonade	[lɛmə'neɪd]

алкогольні напої (мн)	liquors	['lɪkəz]
вино (с)	wine	[waɪn]
біле вино (с)	white wine	[waɪt waɪn]
червоне вино (с)	red wine	[rɛd waɪn]

лікер (ч)	liqueur	[lɪ'kɜː]
шампанське (с)	champagne	[ʃæm'peɪn]
вермут (ч)	vermouth	[vɜː'muːθ]
віскі (с)	whiskey	['wɪskɪ]

горілка (ж)	vodka	['vɑ:dkə]
джин (ч)	gin	[dʒɪn]
коньяк (ч)	cognac	['koʊnjæk]
ром (ч)	rum	[rʌm]

кава (ж)	coffee	['kɔ:fɪ]
чорна кава (ж)	black coffee	[blæk 'kɔ:fɪ]
кава (ж) з молоком	coffee with milk	['kɔ:fɪ wɪð mɪlk]
капучино (с)	cappuccino	[kæpʊ'ʧi:noʊ]
розчинна кава (ж)	instant coffee	['ɪnstənt 'kɔ:fɪ]

молоко (с)	milk	[mɪlk]
коктейль (ч)	cocktail	['kɑ:kteɪl]
молочний коктейль (ч)	milkshake	[mɪlk ʃeɪk]

сік (ч)	juice	[dʒu:s]
томатний сік (ч)	tomato juice	[tə'meɪtoʊ dʒu:s]
апельсиновий сік (ч)	orange juice	['ɔ:rɪndʒ dʒu:s]
свіжовижатий сік (ч)	freshly squeezed juice	['frɛʃlɪ skwi:zd dʒu:s]

пиво (с)	beer	[bɪə]
світле пиво (с)	light beer	[laɪt bɪə]
темне пиво (с)	dark beer	[dɑ:k bɪə]

чай (ч)	tea	[ti:]
чорний чай (ч)	black tea	[blæk ti:]
зелений чай (ч)	green tea	[gri:n ti:]

54. Овочі

| овочі (мн) | vegetables | ['vɛdʒtəblz] |
| зелень (ж) | greens | [gri:nz] |

помідор (ч)	tomato	[tə'meɪtoʊ]
огірок (ч)	cucumber	['kju:kʌmbə]
морква (ж)	carrot	['kærət]
картопля (ж)	potato	[pə'teɪtoʊ]
цибуля (ж) (цибулина)	onion	['ʌnjən]
часник (ч)	garlic	['gɑ:lɪk]

капуста (ж)	cabbage	['kæbɪdʒ]
кольорова капуста (ж)	cauliflower	['kɔ:lɪflaʊə]
брюссельська капуста (ж)	Brussels sprouts	['brʌsəlz 'spraʊts]
броколі (ж)	broccoli	['brɑ:kəlɪ]

буряк (ч)	beet	[bi:t]
баклажан (ч)	eggplant	['ɛgplɑ:nt]
кабачок (ч)	zucchini	[zu:'ki:nɪ]
гарбуз (ч)	pumpkin	['pʌmpkɪn]
ріпа (ж)	turnip	['tɜ:nɪp]

петрушка (ж)	parsley	['pɑːslɪ]
кріп (ч)	dill	[dɪl]
салат (ч) (латук)	lettuce	['lɛtɪs]
селера (ж)	celery	['sɛlərɪ]
спаржа (ж)	asparagus	[ə'spærəgəs]
шпинат (ч)	spinach	['spɪnɪʤ]

горох (ч)	pea	[piː]
боби (мн)	beans	[biːnz]
кукурудза (ж)	corn	[kɔːn]
квасоля (ж)	kidney beans	['kɪdnɪ biːnz]

перець (ч)	bell pepper	[bɛl 'pɛpə]
редиска (ж)	radish	['rædɪʃ]
артишок (ч)	artichoke	['ɑːtɪʧəʊk]

55. Фрукти. Горіхи

фрукт (ч)	fruit	[fruːt]
яблуко (с)	apple	[æpl]
груша (ж)	pear	[pɛə]
лимон (ч)	lemon	['lɛmən]
апельсин (ч)	orange	['ɔːrɪnʤ]
полуниця (ж)	strawberry	['strɔːbərɪ]

мандарин (ч)	mandarin	['mændərɪn]
слива (ж)	plum	[plʌm]
персик (ч)	peach	[piːʧ]
абрикос (ч)	apricot	['æprɪkɑːt]
малина (ж)	raspberry	['ræzbərɪ]
ананас (ч)	pineapple	['paɪnˌæpl]

банан (ч)	banana	[bə'nɑːnə]
кавун (ч)	watermelon	['wɔːtəmɛlən]
виноград (ч)	grapes	[greɪps]
вишня (ж)	sour cherry	['saʊə 'ʧɛrɪ]
черешня (ж)	sweet cherry	[swiːt 'ʧɛrɪ]
диня (ж)	melon	['mɛlən]

грейпфрут (ч)	grapefruit	['greɪpfruːt]
авокадо (с)	avocado	[ævə'kɑːdəʊ]
папайя (ж)	papaya	[pə'paɪə]
манго (с)	mango	['mæŋgəʊ]
гранат (ч)	pomegranate	['pɑːmɪgrænɪt]

порічки (мн)	redcurrant	[rɛd'kɜːrənt]
чорна смородина (ж)	blackcurrant	[blæk'kɜːrənt]
аґрус (ч)	gooseberry	['gʊzbərɪ]
чорниця (ж)	bilberry	['bɪlbərɪ]
ожина (ж)	blackberry	['blækbərɪ]

родзинки (мн)	raisin	['reɪzən]
інжир (ч)	fig	[fɪg]
фінік (ч)	date	[deɪt]

арахіс (ч)	peanut	['pi:nʌt]
мигдаль (ч)	almond	['ɑ:mənd]
горіх (ч) волоський	walnut	['wɔ:lnʌt]
ліщина (ж) (лісовий горіх)	hazelnut	['heɪzəlnʌt]
горіх (ч) кокосовий	coconut	['koʊkənʌt]
фісташки (мн)	pistachios	[pɪ'stɑ:ʃioʊs]

56. Солодощі. Хліб

кондитерські вироби (мн)	confectionery	[kən'fɛkʃənərɪ]
хліб (ч)	bread	[brɛd]
печиво (с)	cookies	['kʊkɪz]

шоколад (ч)	chocolate	['ʧɑ:klət]
шоколадний	chocolate	['ʧɑ:klət]
цукерка (ж)	candy	['kændɪ]
тістечко (с)	cake	[keɪk]
торт (ч)	cake	[keɪk]

| пиріг (ч) | pie | [paɪ] |
| начинка (ж) | filling | ['fɪlɪŋ] |

варення (с)	jam	[dʒæm]
мармелад (ч)	marmalade	['mɑ:məleɪd]
вафлі (мн)	wafers	['weɪfəz]
морозиво (с)	ice-cream	[aɪs kri:m]
пудинг (ч)	pudding	['pʊdɪŋ]

57. Приправи. Спеції

сіль (ж)	salt	[sɔ:lt]
солоний	salty	['sɔ:ltɪ]
солити	to salt (vt)	[tʊ sɔ:lt]

чорний перець (ч)	black pepper	[blæk 'pɛpə]
червоний перець (ч)	red pepper	[rɛd 'pɛpə]
гірчиця (ж)	mustard	['mʌstəd]
хрін (ч)	horseradish	['hɔ:s,rædɪʃ]

приправа (ж)	condiment	['kɑ:ndɪmənt]
прянощі (мн)	spice	[spaɪs]
соус (ч)	sauce	[sɔ:s]
оцет (ч)	vinegar	['vɪnɪgə]
аніс (ч)	anise	[æ'nɪs]

базилік (ч)	basil	['beɪzəl]
гвоздика (ж)	cloves	['kloʊvz]
імбир (ч)	ginger	['dʒɪndʒə]
коріандр (ч)	coriander	[kɔːrɪ'ændə]
кориця (ж)	cinnamon	['sɪnəmən]
кунжут (ч)	sesame	['sɛsəmɪ]
лавровий лист (ч)	bay leaf	[beɪ liːf]
паприка (ж)	paprika	['pæprɪkə]
кмин (ч)	caraway	['kærəweɪ]
шафран (ч)	saffron	['sæfrən]

ОСОБИСТІ ДАНІ. РОДИНА

58. Анкета. Анкетні дані
59. Родина. Родичі
60. Друзі. Знайомі

T&P Books Publishing

ім'я (с)	name, first name	[neɪm], [fɜːst neɪm]
прізвище (с)	surname, last name	['sɜːneɪm], [læst neɪm]
дата (ж) народження	date of birth	[deɪt əv bɜːθ]
місце (с) народження	place of birth	[pleɪs əv bɜːθ]

національність (ж)	nationality	[næʃə'næləti]
місце (с) проживання	place of residence	[pleɪs əv 'rɛzɪdəns]
країна (ж)	country	['kʌntrɪ]
професія (ж)	profession	[prə'fɛʃn]

стать (ж) (гендер)	gender, sex	['dʒɛndə], [sɛks]
зріст (ч)	height	[haɪt]
вага (ж)	weight	[weɪt]

мати (ж)	mother	['mʌðə]
батько (ч)	father	['fɑːðə]
син (ч)	son	[sʌn]
дочка (ж)	daughter	['dɔːtə]

молодша дочка (ж)	younger daughter	['jʌŋgə 'dɔːtə]
молодший син (ч)	younger son	['jʌŋgə sʌn]
старша дочка (ж)	eldest daughter	['ɛldɪst 'dɔːtə]
старший син (ч)	eldest son	['ɛldɪst sʌn]

брат (ч)	brother	['brʌðə]
старший брат (ч)	elder brother	['eldə 'brʌðə]
молодший брат (ч)	younger brother	['jʌŋgə 'brʌðə]
сестра (ж)	sister	['sɪstə]
старша сестра (ж)	elder sister	['eldə 'sɪstə]
молодша сестра (ж)	younger sister	['jʌŋgə 'sɪstə]

двоюрідний брат (ч)	cousin	['kʌzən]
двоюрідна сестра (ж)	cousin	['kʌzən]
мати (ж)	mom, mommy	[mɑːm], ['mɑːmɪ]
тато (ч)	dad, daddy	[dæd], ['dædɪ]
батьки (мн)	parents	['pɛərənts]
дитина (ж)	child	[tʃaɪld]
діти (мн)	children	['tʃɪldrən]
бабуся (ж)	grandmother	['græn,mʌðə]
дід (ч)	grandfather	['græn,fɑːðə]

онук (ч)	grandson	['grænsʌn]
онука (ж)	granddaughter	['græn͵dɔːtə]
онуки (мн)	grandchildren	['græn͵tʃɪldrən]

дядько (ч)	uncle	['ʌŋkl]
тітка (ж)	aunt	[ænt]
племінник (ч)	nephew	['nɛfjuː]
племінниця (ж)	niece	[niːs]

теща (ж)	mother-in-law	['mʌðə ɪn lɔː]
свекор (ч)	father-in-law	['fɑːðə ɪn lɔː]
зять (ч)	son-in-law	[sʌn ɪn lɔː]
мачуха (ж)	stepmother	['stɛp͵mʌðə]
вітчим (ч)	stepfather	['stɛp͵fɑːðə]

немовля (с)	infant	['ɪnfənt]
малюк (ч)	baby	['beɪbɪ]
малюк (ч)	little boy	[lɪtl bɔɪ]

дружина (ж)	wife	[waɪf]
чоловік (ч)	husband	['hʌzbənd]
чоловік (ч)	spouse	['spaʊs]
дружина (ж)	spouse	['spaʊs]

одружений	married	['mærɪd]
заміжня	married	['mærɪd]
холостий	single	['sɪŋgl]
холостяк (ч)	bachelor	['bætʃələ]
розлучений	divorced	[dɪ'vɔːst]
вдова (ж)	widow	['wɪdoʊ]
вдівець (ч)	widower	['wɪdoʊə]

родич (ч)	relative	['rɛlətɪv]
близький родич (ч)	close relative	['kloʊs 'rɛlətɪv]
далекий родич (ч)	distant relative	['dɪstənt 'rɛlətɪv]
рідні (мн) (родичі)	relatives	['rɛlətɪvz]

сирота (ч)	orphan	['ɔːfən]
опікун (ч)	guardian	['gɑːdjən]
усиновити	to adopt (vt)	[tʊ ə'dɑːpt]
удочерити	to adopt (vt)	[tʊ ə'dɑːpt]

60. Друзі. Знайомі

друг (ч)	friend	[frɛnd]
подруга (ж)	friend, girlfriend	[frɛnd], ['gɜːrlfrɛnd]
дружба (ж)	friendship	['frɛndʃɪp]
дружити	to be friends	[tʊ bi frɛndz]
приятель (ч)	buddy	['bʌdɪ]
приятелька (ж)	buddy	['bʌdɪ]

партнер (ч)	**partner**	['pɑ:tnə]
шеф (ч)	**chief**	[ʧi:f]
начальник (ч)	**boss, superior**	[bɔ:s], [su:'pɪərɪə]
власник (хазяїн)	**proprietor**	[prə\'praɪətər]
підлеглий (ч) (на роботі)	**subordinate**	[sə'bɔ:dɪnət]
колега (ч)	**colleague**	['kɑ:li:g]
знайомий (ч)	**acquaintance**	[ə'kweɪntəns]
попутник (ч)	**fellow traveler**	['fɛloʊ 'trævələ]
однокласник (ч)	**classmate**	['klæsmeɪt]
сусід (ч)	**neighbor**	['neɪbə]
сусідка (ж)	**neighbor**	['neɪbə]
сусіди (мн)	**neighbors**	['neɪbəz]

ТІЛО ЛЮДИНИ. МЕДИЦИНА

61. Голова
62. Тіло
63. Хвороби
64. Симптоми хвороб. Лікування - 1
65. Симптоми хвороб. Лікування - 2
66. Симптоми хвороб. Лікування - 3
67. Ліки. Приладдя

T&P Books Publishing

голова (ж)	**head**	[hɛd]
обличчя (с)	**face**	[feɪs]
ніс (ч)	**nose**	['noʊz]
рот (ч)	**mouth**	['maʊθ]
око (с)	**eye**	[aɪ]
очі (мн)	**eyes**	[aɪz]
зіниця (ж)	**pupil**	['pju:pl]
брова (ж)	**eyebrow**	['aɪbraʊ]
вія (ж)	**eyelash**	['aɪlæʃ]
повіка (ж)	**eyelid**	['aɪlɪd]
язик (ч)	**tongue**	[tʌŋ]
зуб (ч)	**tooth**	[tu:θ]
губи (мн)	**lips**	[lɪps]
вилиці (мн)	**cheekbones**	['tʃi:kboʊnz]
ясна (мн)	**gum**	[gʌm]
піднебіння (с)	**palate**	['pælət]
ніздрі (мн)	**nostrils**	['nɑ:strɪlz]
підборіддя (с)	**chin**	[tʃɪn]
щелепа (ж)	**jaw**	[dʒɔ:]
щока (ж)	**cheek**	[tʃi:k]
чоло (с)	**forehead**	['fɔ:hɛd]
скроня (ж)	**temple**	['tɛmpl]
вухо (с)	**ear**	[ɪə]
потилиця (ж)	**back of the head**	['bæk əv ðə hɛd]
шия (ж)	**neck**	[nɛk]
горло (с)	**throat**	['θroʊt]
волосся (с)	**hair**	[hɛə]
зачіска (ж)	**hairstyle**	['hɛəstaɪl]
стрижка (ж) (зачіска)	**haircut**	['hɛəkʌt]
парик (ч)	**wig**	[wɪg]
вуса (мн)	**mustache**	['mʌstæʃ]
борода (ж)	**beard**	[bɪərd]
носити (вуса, бороду)	**to have** (vt)	[tʊ hæv]
коса (ж)	**braid**	[breɪd]
бакенбарди (мн)	**sideburns**	['saɪdbɜ:nz]
рудий (про волосся)	**red-haired**	[rɛd hɛəd]
сивий (про волосся)	**gray**	[greɪ]

| лисий | bald | [bɔːld] |
| лисина (ж) | bald patch | [bɔːld pætʃ] |

| хвіст (ч) (зачіска) | ponytail | ['poʊnɪteɪl] |
| чубчик (ч) | bangs | [bæŋz] |

62. Тіло

| кисть (ж) | hand | [hænd] |
| рука (ж) (вся) | arm | [ɑːm] |

палець (ч)	finger	['fɪŋgə]
палець (ноги)	toe	[təʊ]
великий палець (ч)	thumb	[θʌm]
мізинець (ч)	little finger	[lɪtl 'fɪŋgə]
ніготь (ч)	nail	[neɪl]

кулак (ч)	fist	[fɪst]
долоня (ж)	palm	[pɑːm]
зап'ясток (ч)	wrist	[rɪst]
передпліччя (с)	forearm	['fɔːrɑːm]
лікоть (ч)	elbow	['elboʊ]
плече (с)	shoulder	['ʃoʊldə]

гомілка (ж)	leg	[leg]
ступня (ж)	foot	[fʊt]
коліно (с)	knee	[niː]
литка (ж)	calf	[kæf]

| стегно (с) | hip | [hɪp] |
| п'ятка (ж) | heel | [hiːl] |

тіло (с)	body	['bɑːdɪ]
живіт (ч)	stomach	['stʌmək]
груди (мн)	chest	[tʃest]
груди (мн) (жіночі)	breast	[brest]
бік (ч)	flank	[flæŋk]
спина (ж)	back	[bæk]

| поперек (ч) | lower back | ['loʊə bæk] |
| талія (ж) | waist | [weɪst] |

пупок (ч)	navel, belly button	['neɪvəl], ['belɪ 'bʌtn]
сідниці (мн)	buttocks	['bʌtəks]
зад (ч)	bottom, behind	['bɑːtəm], [bɪ'haɪnd]

родимка (ж)	beauty mark	['bjuːtɪ mɑːk]
родима пляма (ж)	birthmark	['bɜːrθmɑːrk]
татуювання (с)	tattoo	[tæ'tuː]
рубець (ч)	scar	[skɑː]

63. Хвороби

хвороба (ж)	sickness	['sɪknəs]
хворіти (бути хворим)	to be sick	[tʊ bi sɪk]
здоров'я (с)	health	[hɛlθ]
нежить (ч)	runny nose	[ˌrʌnɪ 'noʊz]
ангіна (ж)	tonsillitis	[tɑːnsə'laɪtɪs]
застуда (ж)	cold	['koʊld]
застудитися	to catch a cold	[tʊ kætʃ ə 'koʊld]
бронхіт (ч)	bronchitis	[brɑːŋ'kaɪtɪs]
запалення (с) легенів	pneumonia	[nuː'moʊnɪə]
грип (ч)	flu	[fluː]
короткозорий	nearsighted	[nɪə'saɪtɪd]
далекозорий	farsighted	[fɑː'saɪtɪd]
косоокість (ж)	strabismus	[strə'bɪzməs]
косоокий	cross-eyed	[krɔːs 'aɪd]
катаракта (ж)	cataract	['kætərækt]
глаукома (ж)	glaucoma	[glɔː'koʊmə]
інсульт (ч)	stroke	['stroʊk]
інфаркт (ч)	heart attack	[hɑːt ə'tæk]
інфаркт (ч) міокарду	myocardial infarction	[maɪoʊ'kɑːdɪəl ɪn'fɑːkʃn]
параліч (ч)	paralysis	[pə'rælɪsɪs]
паралізувати	to paralyze (vt)	[tʊ 'pærəlaɪz]
алергія (ж)	allergy	['ælərdʒɪ]
астма (ж)	asthma	['æsmə]
діабет (ч)	diabetes	[daɪə'biːtiːz]
зубний біль (ч)	toothache	['tuːθeɪk]
карієс (ч)	caries	['kɛəriːz]
діарея (ж)	diarrhea	[daɪə'rɪə]
запор (ч)	constipation	[kɑːnstɪ'peɪʃn]
розлад (ч) шлунку	stomach upset	['stʌmək ʌp'sɛt]
отруєння (с) (харчове)	food poisoning	[fuːd 'pɔɪzənɪŋ]
отруїтись (їжею)	to get food poisoning	[tʊ get fuːd 'pɔɪzənɪŋ]
артрит (ч)	arthritis	[ɑː'θraɪtɪs]
рахіт (ч)	rickets	['rɪkɪts]
ревматизм (ч)	rheumatism	['ruːmətɪzəm]
атеросклероз (ч)	atherosclerosis	[ˌæθərəusklɪ'rəusɪs]
гастрит (ч)	gastritis	[gæs'traɪtɪs]
апендицит (ч)	appendicitis	[əpɛndɪ'saɪtɪs]
холецистит (ч)	cholecystitis	[kɑːlɪsɪs'taɪtɪs]
виразка (ж) (внутрішня)	ulcer	['ʌlsə]
кір (ч)	measles	['miːzəlz]

краснуха (ж)	rubella	[ruːˈbɛlə]
жовтуха (ж)	jaundice	[ˈdʒɔːndɪs]
гепатит (ч)	hepatitis	[hɛpəˈtaɪtɪs]

шизофренія (ж)	schizophrenia	[skɪtsəˈfriːnɪə]
сказ (ч)	rabies	[ˈreɪbiːz]
невроз (ч)	neurosis	[nʊˈroʊsɪs]
струс (ч) мозку	concussion	[kənˈkʌʃn]

рак (ч)	cancer	[ˈkænsə]
склероз (ч)	sclerosis	[skləˈroʊsɪs]
розсіяний склероз (ч)	multiple sclerosis	[ˈmʌltɪpəl skləˈroʊsɪs]

алкоголізм (ч)	alcoholism	[ˈælkəhɔːlɪzəm]
алкоголік (ч)	alcoholic	[ælkəˈhɔːlɪk]
сифіліс (ч)	syphilis	[ˈsɪfɪlɪs]
СНІД (ч)	AIDS	[eɪdz]

пухлина (ж) (внутрішня)	tumor	[ˈtuːmə]
злоякісна	malignant	[məˈlɪɡnənt]
доброякісна	benign	[bɪˈnaɪn]
гарячка (ж)	fever	[ˈfiːvə]
малярія (ж)	malaria	[məˈlɛrɪə]
гангрена (ж)	gangrene	[ˈɡæŋɡriːn]
морська хвороба (ж)	seasickness	[ˈsiːˌsɪknəs]
епілепсія (ж)	epilepsy	[ˈɛpɪlɛpsɪ]

епідемія (ж)	epidemic	[ɛpɪˈdɛmɪk]
тиф (ч)	typhus	[ˈtaɪfəs]
туберкульоз (ч)	tuberculosis	[tuːbɜːkjəˈloʊsɪs]
холера (ж)	cholera	[ˈkɑːlərə]
чума (ж)	plague	[pleɪɡ]

64. Симптоми хвороб. Лікування - 1

симптом (ч)	symptom	[ˈsɪmptəm]
температура (ж)	temperature	[ˈtɛmprətʃə]
висока температура (ж)	high temperature, fever	[haɪ ˈtɛmprətʃə], [ˈfiːvə]
пульс (ч)	pulse, heartbeat	[pʌls], [ˈhɑːtbiːt]

запаморочення (с)	dizziness	[ˈdɪzɪnəs]
гарячий (напр. лоб)	hot	[hɑːt]
озноб (ч)	shivering	[ˈʃɪvərɪŋ]
блідий	pale	[peɪl]

кашель (ч)	cough	[kɔːf]
кашляти	to cough (vi)	[tʊ kɔːf]
чхати	to sneeze (vi)	[tʊ sniːz]
непритомність (ж)	faint	[feɪnt]
знепритомніти	to faint (vi)	[tʊ feɪnt]

синець (ч)	**bruise**	[bruːz]
гуля (ж)	**bump**	[bʌmp]
ударитись	**to bang** (vi)	[tʊ bæŋ]
забите місце (с)	**bruise**	[bruːz]
забитися	**to get a bruise**	[tʊ get ə bruːz]
кульгати	**to limp** (vi)	[tʊ lɪmp]
вивих (ч)	**dislocation**	[dɪslə'keɪʃn]
вивихнути	**to dislocate** (vt)	[tʊ 'dɪsləkeɪt]
перелом (ч)	**fracture**	['fræktʃə]
отримати перелом	**to have a fracture**	[tʊ hæv ə 'fræktʃə]
поріз (ч)	**cut**	[kʌt]
порізатися	**to cut oneself**	[tʊ kʌt wʌn'sɛlf]
кровотеча (ж)	**bleeding**	['bliːdɪŋ]
опік (ч)	**burn**	[bɜːn]
обпектися	**to get burned**	[tʊ get bɜːnd]
уколоти (поранити)	**to prick** (vt)	[tʊ prɪk]
уколотися	**to prick oneself**	[tʊ prɪk wʌn'sɛlf]
пошкодити (поранити)	**to injure** (vt)	[tʊ 'ɪndʒə]
ушкодження (с) (травма)	**injury**	['ɪndʒərɪ]
рана (ж)	**wound**	[wuːnd]
травма (ж)	**trauma**	['traʊmə]
марити (мед.)	**to be delirious**	[tʊ bi dɪ'lɪrɪəs]
заїкатися	**to stutter** (vi)	[tʊ 'stʌtə]
сонячний удар (ч)	**sunstroke**	['sʌnˌstrəʊk]

65. Симптоми хвороб. Лікування - 2

біль (ч)	**pain, ache**	[peɪn], [eɪk]
скалка (ж)	**splinter**	['splɪntə]
піт (ч)	**sweat**	[swɛt]
спітніти	**to sweat** (vi)	[tʊ swɛt]
блювота (ж)	**vomiting**	['vɑːmɪtɪŋ]
судома (ж)	**convulsions**	[kən'vʌlʃənz]
вагітна	**pregnant**	['prɛgnənt]
народитися	**to be born**	[tʊ bi bɔːn]
пологи (мн)	**delivery, labor**	[dɪ'lɪvərɪ], ['leɪbə]
народжувати	**to deliver** (vt)	[tʊ dɪ'lɪvə]
аборт (ч)	**abortion**	[ə'bɔːʃn]
дихання (с)	**breathing, respiration**	['briːðɪŋ], [rɛspə'reɪʃn]
вдих (ч)	**in-breath, inhalation**	['ɪn breθ], [ɪnhə'leɪʃn]
видих (ч)	**out-breath, exhalation**	['aʊt breθ], [eksə'leɪʃn]
видихнути	**to exhale** (vi)	[tʊ eks'heɪl]

зробити вдих	to inhale (vi)	[tʊ ɪnˈheɪl]
інвалід (ч)	disabled person	[dɪˈseɪbəld ˈpɜːsən]
каліка (ч)	cripple	[ˈkrɪpl]
наркоман (ч)	drug addict	[drʌg ˈædɪkt]

глухий	deaf	[dɛf]
німий	mute	[mjuːt]
глухонімий	deaf mute	[dɛf mjuːt]

божевільний	mad, insane	[mæd], [ɪnˈseɪn]
божевільний (ч)	madman	[ˈmædmən]
божевільна (ж)	madwoman	[ˈmædwʊmən]
збожеволіти	to go insane	[tʊ ˈgoʊ ɪnˈseɪn]

ген (ч)	gene	[dʒiːn]
імунітет (ч)	immunity	[ɪˈmjuːnətɪ]
спадковий	hereditary	[hɪˈrɛdɪtərɪ]
вроджений	congenital	[kənˈdʒɛnɪtəl]

вірус (ч)	virus	[ˈvaɪrəs]
мікроб (ч)	microbe	[ˈmaɪkroʊb]
бактерія (ж)	bacterium	[bækˈtɪrɪəm]
інфекція (ж)	infection	[ɪnˈfɛkʃn]

66. Симптоми хвороб. Лікування - 3

| лікарня (ж) | hospital | [ˈhɑːspɪtəl] |
| пацієнт (ч) | patient | [ˈpeɪʃənt] |

діагноз (ч)	diagnosis	[daɪəgˈnoʊsɪs]
лікування (с)	cure	[kjʊə]
лікування (с) (хворих)	treatment	[ˈtriːtmənt]
лікуватися	to get treatment	[tʊ gɛt ˈtriːtmənt]
лікувати (пацієнта)	to treat (vt)	[tʊ triːt]
доглядати (за хворим)	to nurse (vt)	[tʊ nɜːs]
догляд (ч) (за хворим)	care	[kɛə]

операція (ж) (мед.)	operation, surgery	[ɑːpəˈreɪʃn], [ˈsɜːdʒərɪ]
перев'язати	to bandage (vt)	[tʊ ˈbændɪdʒ]
перев'язка (ж)	bandaging	[ˈbændɪdʒɪŋ]

щеплення (с)	vaccination	[væksɪˈneɪʃn]
робити щеплення	to vaccinate (vt)	[tʊ ˈvæksɪneɪt]
ін'єкція (ж) (мед.)	injection, shot	[ɪnˈdʒɛkʃn], [ʃɑːt]
робити укол (кому-н.)	to give an injection	[tʊ gɪv ən ɪnˈdʒɛkʃn]

напад (напр. ~ астми)	attack	[əˈtæk]
ампутація (ж)	amputation	[ˌæmpjʊˈteɪʃn]
ампутувати	to amputate (vt)	[tʊ ˈæmpjʊteɪt]
кома (ж)	coma	[ˈkoʊmə]

| бути в комі | to be in a coma | [tʊ bi ɪn ə 'kəʊmə] |
| реанімація (ж) | intensive care | [ɪn'tɛnsɪv 'kɛə] |

видужувати	to recover (vi)	[tʊ rɪ'kʌvə]
стан (ч) (пацієнта)	condition	[kən'dɪʃn]
свідомість (ж) (мед.)	consciousness	['kɑːnʃəsnəs]
пам'ять (ж)	memory	['mɛmərɪ]

видалити (зуб)	to pull out	[tʊ pʊl 'aʊt]
пломба (ж)	filling	['fɪlɪŋ]
пломбувати (зуби)	to fill (vt)	[tʊ fɪl]

| гіпноз (ч) | hypnosis | [hɪp'nəʊsɪs] |
| гіпнотизувати | to hypnotize (vt) | [tʊ 'hɪpnətaɪz] |

67. Ліки. Приладдя

ліки (мн)	medicine, drug	['mɛdɪsɪn], [drʌg]
засіб (ч) (мед.)	remedy	['rɛmədɪ]
прописати (ліки)	to prescribe (vt)	[tʊ prɪ'skraɪb]
рецепт (ч)	prescription	[prɪ'skrɪpʃn]

пігулка (ж)	tablet, pill	['tæblɪt], [pɪl]
мазь (ж)	ointment	['ɔɪntmənt]
ампула (ж)	ampule	['æmpjuːl]
мікстура (ж)	mixture	['mɪkstʃə]
сироп (ч)	syrup	['sɪrəp]
пігулка (ж)	capsule	['kæpsəl]
порошок (ч)	powder	['paʊdə]

бинт (ч)	bandage	['bændɪdʒ]
вата (ж)	cotton wool	['kɑːtən wʊl]
йод (ч)	iodine	['aɪədaɪn]

лейкопластир (ч)	Band-Aid	['bændˌeɪd]
піпетка (ж)	eyedropper	['aɪˌdrɑːpə]
градусник (ч)	thermometer	[θə'mɑːmɪtə]
шприц (ч)	syringe	[sɪ'rɪndʒ]

| інвалідне крісло (с) | wheelchair | ['wiːlʧɛə] |
| милиці (мн) | crutches | [krʌʧɪz] |

знеболювальне (с)	painkiller	['peɪnˌkɪlə]
проносне (с)	laxative	['læksətɪv]
спирт (ч)	alcohol	['ælkəhɔːl]
лікарська трава (ж)	medicinal herbs	[mə'dɪsɪnəl ɜːrbz]
трав'яний (чай)	herbal	['ɜːrbəl]

КВАРТИРА

68. Квартира
69. Меблі. Інтер'єр
70. Постільне приладдя
71. Кухня
72. Ванна кімната
73. Побутова техніка

T&P Books Publishing

68. Квартира

квартира (ж)	**apartment**	[ə'pɑːtmənt]
кімната (ж)	**room**	[ruːm]
спальня (ж)	**bedroom**	['bɛdrʊm]
їдальня (ж) (кімната)	**dining room**	['daɪnɪŋ rʊm]
вітальня (ж)	**living room**	['lɪvɪŋ rʊm]
кабінет (ч)	**study**	['stʌdɪ]
передпокій (ч)	**entry room**	['ɛntrɪ rʊm]
ванна кімната (ж)	**bathroom**	['bæθrʊm]
туалет (ч)	**half bath**	[hɑːf bɑːθ]
стеля (ж)	**ceiling**	['siːlɪŋ]
підлога (ж)	**floor**	[flɔː]
куток (ч) (кімнати)	**corner**	['kɔːnə]

69. Меблі. Інтер'єр

меблі (мн)	**furniture**	['fɜːnɪʧə]
стіл (ч)	**table**	['teɪbl]
стілець (ч)	**chair**	[ʧɛə]
ліжко (с)	**bed**	[bɛd]
диван (ч)	**couch, sofa**	['kaʊʧ], ['soʊfə]
крісло (с)	**armchair**	['ɑːmʧɛə]
шафа (ж) (для книжок)	**bookcase**	['bʊkkeɪs]
полиця (ж)	**shelf**	[ʃɛlf]
шафа (ж) (для одягу)	**wardrobe**	['wɔːdroʊb]
вішалка (ж) (на стіні)	**coat rack**	['koʊt ræk]
вішак (ч) (стійка)	**coat stand**	['koʊt stænd]
комод (ч)	**bureau, dresser**	['bjʊroʊ], ['drɛsə]
журнальний столик (ч)	**coffee table**	['kɔːfɪ teɪbl]
дзеркало (с)	**mirror**	['mɪrə]
килим (ч)	**carpet**	['kɑːpɪt]
килимок (ч)	**rug, small carpet**	[rʌg], [smɔːl 'kɑːpɪt]
камін (ч)	**fireplace**	['faɪəpleɪs]
свічка (ж)	**candle**	['kændl]
свічник (ч)	**candlestick**	['kændəlstɪk]
штори (мн)	**drapes**	[dreɪps]

| шпалери (мн) | wallpaper | ['wɔ:lpeɪpə] |
| жалюзі (мн) | blinds | [blaɪndz] |

настільна лампа (ж)	table lamp	['teɪbl læmp]
світильник (ч) (на стіні)	wall lamp	[wɔ:l læmp]
торшер (ч)	floor lamp	[flɔ: læmp]
люстра (ж)	chandelier	[ʃændə'lɪə]

ніжка (ж) (столу, стільця)	leg	[lɛg]
підлокітник (ч)	armrest	['ɑ:mrɛst]
спинка (ж) (стільця)	back	[bæk]
шухляда (ж) (столу і т. ін.)	drawer	[drɔ:]

70. Постільне приладдя

білизна (ж)	bedclothes	['bɛdkloʊðz]
подушка (ж)	pillow	['pɪloʊ]
наволочка (ж)	pillowcase	['pɪloʊkeɪs]
ковдра (ж)	duvet, comforter	['du:veɪ], ['kʌmfətə]
простирадло (с)	sheet	[ʃi:t]
покривало (с)	bedspread	['bɛdsprɛd]

71. Кухня

кухня (ж) (приміщення)	kitchen	['kɪtʃɪn]
газ (ч)	gas	[gæs]
плита (ж) газова	gas stove	[gæs 'stoʊv]
плита (ж) електрична	electric stove	[ɪ'lɛktrɪk 'stoʊv]
духовка (ж)	oven	['ʌvən]
мікрохвильова піч (ж)	microwave oven	['maɪkrəweɪv 'ʌvən]

холодильник (ч)	fridge	[frɪdʒ]
морозильник (ч)	freezer	['fri:zə]
посудомийна машина (ж)	dishwasher	['dɪʃwɔ:ʃə]

м'ясорубка (ж)	meat grinder	[mi:t 'graɪndə]
соковижималка (ж)	juicer	['dʒu:sə]
тостер (ч)	toaster	['toʊstə]
міксер (ч)	mixer	['mɪksə]

кавоварка (ж)	coffee machine	['kɔ:fɪ mə'ʃi:n]
кавник (ч)	coffee pot	['kɔ:fɪ pɑ:t]
кавомолка (ж)	coffee grinder	['kɔ:fɪ 'graɪndə]

чайник (ч) (для кип'ятку)	kettle	['kɛtl]
заварник (ч)	teapot	['ti:pɑ:t]
кришка (ж) (чайника і т. ін.)	lid	[lɪd]

ситечко (с) (для чаю)	**tea strainer**	[ti: 'streɪnə]
ложка (ж)	**spoon**	[spu:n]
чайна ложка (ж)	**teaspoon**	['ti:spu:n]
столова ложка (ж)	**soup spoon**	[su:p spu:n]
виделка (ж)	**fork**	[fɔ:k]
ніж (ч)	**knife**	[naɪf]
посуд (ч)	**tableware**	['teɪblwɛə]
тарілка (ж)	**plate**	[pleɪt]
блюдце (с)	**saucer**	['sɔ:sə]
чарка (ж) (горілки і т. ін.)	**shot glass**	[ʃɑ:t glæs]
склянка (ж)	**glass**	[glæs]
чашка (ж)	**cup**	[kʌp]
цукорниця (ж)	**sugar bowl**	['ʃʊgə 'boʊl]
сільничка (ж)	**salt shaker**	['sɔ:lt 'ʃeɪkə]
перечниця (ж)	**pepper shaker**	['pepə 'ʃeɪkə]
маслянка (ж)	**butter dish**	['bʌtə dɪʃ]
каструля (ж)	**stock pot**	[stɑ:k pɑ:t]
сковорідка (ж)	**frying pan**	['fraɪɪŋ pæn]
черпак (ч)	**ladle**	['leɪdl]
друшляк (ч)	**colander**	['kɑləndə]
піднос (ч)	**tray**	[treɪ]
пляшка (ж)	**bottle**	[bɑ:tl]
банка (ж) (скляна)	**jar**	[dʒɑ:]
бляшанка (ж)	**can**	[kæn]
відкривачка (ж) (~ для пляшок)	**bottle opener**	[bɑ:tl 'oʊpənə]
відкривачка (ж) (консервний ніж)	**can opener**	[kæn 'oʊpənə]
штопор (ч)	**corkscrew**	['kɔ:kskru:]
фільтр (ч)	**filter**	['fɪltə]
фільтрувати	**to filter** (vt)	[tʊ 'fɪltə]
сміття (с) (відходи)	**trash**	[træʃ]
відро (с) для сміття	**trash can**	['træʃkæn]

72. Ванна кімната

ванна кімната (ж)	**bathroom**	['bæθrʊm]
вода (ж)	**water**	['wɔ:tə]
кран (ч)	**faucet**	['fɔ:sɪt]
гаряча вода (ж)	**hot water**	['hɑ:t 'wɔ:tə]
холодна вода (ж)	**cold water**	['koʊld 'wɔ:tə]
зубна паста (ж)	**toothpaste**	['tu:θpeɪst]
чистити зуби	**to brush one's teeth**	[tʊ brʌʃ wʌns ti:θ]

зубна щітка (ж)	toothbrush	['tu:θbrʌʃ]
голитися	to shave (vi)	[tʊ ʃeɪv]
піна (ж) для гоління	shaving foam	['ʃeɪvɪŋ 'foʊm]
бритва (ж)	razor	['reɪzə]

мити	to wash (vt)	[tʊ wɑ:ʃ]
митися	to take a bath	[tʊ teɪk ə bæθ]
душ (ч)	shower	['ʃaʊə]
приймати душ	to take a shower	[tʊ teɪk ə 'ʃaʊə]

ванна (ж)	bathtub	['bæθtʌb]
унітаз (ч)	toilet	['tɔɪlɪt]
раковина (ж)	sink, washbasin	[sɪŋk], ['wɑ:ʃˌbeɪsən]

| мило (с) | soap | ['soʊp] |
| мильниця (ж) | soap dish | ['soʊp dɪʃ] |

губка (ж)	sponge	[spʌndʒ]
шампунь (ч)	shampoo	[ʃæm'pu:]
рушник (ч)	towel	['taʊəl]
халат (ч) (махровий)	bathrobe	['bæθroʊb]

прання (с)	laundry	['lɔ:ndrɪ]
пральна машина (ж)	washing machine	['wɑ:ʃɪŋ mə'ʃi:n]
прати білизну	to do the laundry	[tʊ du ðə 'lɔ:ndrɪ]
пральний порошок (ч)	laundry detergent	['lɔ:ndrɪ dɪ'tɜ:dʒənt]

73. Побутова техніка

телевізор (ч)	TV set	[ti:'vi: sɛt]
магнітофон (ч)	tape recorder	[teɪp rɪ'kɔ:də]
відеомагнітофон (ч)	video, VCR	['vɪdɪoʊ], [vi:si:'ɑ:]
приймач (ч)	radio	['reɪdɪoʊ]
плеєр (ч)	player	['pleɪə]

відеопроектор (ч)	video projector	['vɪdɪoʊ prə'dʒɛktə]
домашній кінотеатр (ч)	home movie theater	['hoʊm 'mu:vɪ 'θɪətə]
програвач (ч) DVD	DVD player	[di:vi:'di: 'pleɪə]
підсилювач (ч)	amplifier	['æmplɪfaɪə]
гральна приставка (ж)	video game console	['vɪdɪoʊ geɪm 'kɑ:nsoʊl]

відеокамера (ж)	video camera	['vɪdɪoʊ 'kæmərə]
фотоапарат (ч)	camera	['kæmərə]
цифровий фотоапарат (ч)	digital camera	['dɪdʒɪtl 'kæmərə]

пилосос (ч)	vacuum cleaner	['vækjʊəm 'kli:nə]
праска (ж)	iron	['aɪrən]
дошка (ж) для прасування	ironing board	['aɪrənɪŋ bɔ:d]
телефон (ч)	telephone	['tɛlɪfoʊn]
мобільний телефон (ч)	cell phone	['sɛlfoʊn]

| писемна машинка (ж) | **typewriter** | ['taɪpˌraɪtə] |
| швейна машинка (ж) | **sewing machine** | ['soʊɪŋ məˈʃiːn] |

мікрофон (ч)	**microphone**	['maɪkrəfoʊn]
навушники (мн)	**headphones**	['hɛdfoʊnz]
пульт (ч)	**remote control**	[rɪ'moʊt kən'troʊl]

CD-диск (ч)	**CD, compact disc**	[siː'diː], [kəm'pækt dɪsk]
касета (ж)	**cassette, tape**	[kæ'sɛt], [teɪp]
платівка (ж) (вінілова)	**vinyl record**	['vaɪnəl 'rɛkɔːd]

ПЛАНЕТА. ПОГОДА

74. Космос
75. Планета
76. Частини світу
77. Море. Океан
78. Назви морів і океанів
79. Гори
80. Назви гір
81. Річка
82. Назви річок
83. Ліс
84. Природні ресурси
85. Погода
86. Стихія

T&P Books Publishing

космос (ч)	**space**	[speɪs]
космічний	**space**	[speɪs]
космічний простір (ч)	**outer space**	['aʊtə speɪs]
світ (ч)	**world**	[wɜːld]
всесвіт (ч)	**universe**	['juːnɪvɜːs]
галактика (ж)	**galaxy**	['gæləksɪ]
зірка (ж)	**star**	[staː]
сузір'я (с)	**constellation**	[kɑːnstə'leɪʃn]
планета (ж)	**planet**	['plænɪt]
супутник (ч)	**satellite**	['sætəlaɪt]
метеорит (ч)	**meteorite**	['miːtɪəraɪt]
комета (ж)	**comet**	['kɑːmət]
астероїд (ч)	**asteroid**	['æstərɔɪd]
орбіта (ж)	**orbit**	['ɔːbɪt]
обертатися	**to rotate** (vi)	[tʊ 'roʊteɪt]
атмосфера (ж)	**atmosphere**	['ætməsfɪə]
Сонце (с)	**the Sun**	[ðə sʌn]
Сонячна система (ж)	**solar system**	['soʊlə 'sɪstəm]
сонячне затемнення (с)	**solar eclipse**	['soʊlə ɪ'klɪps]
Земля (ж)	**the Earth**	[ði ɜːθ]
Місяць (ж)	**the Moon**	[ðə muːn]
Марс (ч)	**Mars**	[mɑːz]
Венера (ж)	**Venus**	['viːnəs]
Юпітер (ч)	**Jupiter**	['dʒuːpɪtə]
Сатурн (ч)	**Saturn**	['sætən]
Меркурій (ч)	**Mercury**	['mɜːkjʊrɪ]
Уран (ч)	**Uranus**	['jʊərənəs]
Нептун (ч)	**Neptune**	['nɛptjuːn]
Плутон (ч)	**Pluto**	['pluːtoʊ]
Чумацький Шлях (ч)	**the Milky Way**	[ðə 'mɪlkɪ weɪ]
Велика Ведмедиця (ж)	**the Great Bear**	[ðə greɪt 'bɛə(r)]
Полярна Зірка (ж)	**the North Star**	[ðə nɔːθ stɑː(r)]
марсіанин (ч)	**Martian**	['mɑːʃən]
інопланетянин (ч)	**extraterrestrial**	[ɛkstrətə'rɛstrɪəl]

| прибулець (ч) | alien | ['eɪlɪən] |
| літаюча тарілка (ж) | flying saucer | ['flaɪɪŋ 'sɔːsə] |

космічний корабель (ч)	spaceship	['speɪsʃɪp]
орбітальна станція (ж)	space station	[speɪs 'steɪʃn]
старт (ч) (ракети)	blast-off	[blæst ɔːf]

двигун (ч)	engine	['ɛndʒɪn]
сопло (с)	nozzle	['nɑːzl]
паливо (с)	fuel	[fjuːəl]

кабіна (ж)	cockpit	['kɑːkpɪt]
антена (ж)	antenna	[æn'tɛnə]
ілюмінатор (ч)	porthole	['pɔːthoʊl]
сонячна батарея (ж)	solar panel	['soʊlə 'pænəl]
скафандр (ч)	spacesuit	['speɪssuːt]

| невагомість (ж) | weightlessness | ['weɪtlɪsnəs] |
| кисень (ч) | oxygen | ['ɑːksɪdʒən] |

| стикування (с) | docking | ['dɑːkɪŋ] |
| здійснювати стикування | to dock (vi, vt) | [tu dɑːk] |

обсерваторія (ж)	observatory	[əb'zɜːvətɔrɪ]
телескоп (ч)	telescope	['tɛlɪskoʊp]
спостерігати	to observe (vt)	[tu əb'zɜːv]
досліджувати	to explore (vt)	[tu ɪk'splɔː]

75. Планета

Земля (ж)	the Earth	[ði ɜːθ]
земна куля (ж)	the globe	[ðə 'gloʊb]
планета (ж)	planet	['plænɪt]

атмосфера (ж)	atmosphere	['ætməsfɪə]
географія (ж)	geography	[dʒɪ'ɑːgrəfɪ]
природа (ж)	nature	['neɪtʃə]

глобус (ч)	globe	['gloʊb]
карта (ж)	map	[mæp]
атлас (ч)	atlas	['ætləs]

Європа (ж)	Europe	['jʊrəp]
Азія (ж)	Asia	['eɪʒə]
Африка (ж)	Africa	['æfrɪkə]
Австралія (ж)	Australia	[ɔː'streɪlɪə]

Америка (ж)	America	[ə'mɛrɪkə]
Північна Америка (ж)	North America	[nɔːθ ə'mɛrɪkə]
Південна Америка (ж)	South America	['saʊθ ə'mɛrɪkə]

| Антарктида (ж) | **Antarctica** | [æn'tɑːktɪkə] |
| Арктика (ж) | **the Arctic** | [ðɪ 'ɑrktɪk] |

76. Частини світу

північ (ж)	**north**	[nɔːθ]
на північ	**to the north**	[tʊ ðə nɔːθ]
на півночі	**in the north**	[ɪn ðə nɔːθ]
північний	**northern**	['nɔːðən]
південь (ч)	**south**	['saʊθ]
на південь	**to the south**	[tʊ ðə 'saʊθ]
на півдні	**in the south**	[ɪn ðə 'saʊθ]
південний	**southern**	['sʌðən]
захід (ч)	**west**	[wɛst]
на захід	**to the west**	[tʊ ðə wɛst]
на заході	**in the west**	[ɪn ðə wɛst]
західний	**western**	['wɛstən]
схід (ч)	**east**	[iːst]
на схід	**to the east**	[tʊ ði iːst]
на сході	**in the east**	[ɪn ði iːst]
східний	**eastern**	['iːstən]

77. Море. Океан

море (с)	**sea**	[siː]
океан (ч)	**ocean**	['oʊʃn]
затока (ж)	**gulf**	[gʌlf]
протока (ж)	**straits**	[streɪts]
земля, суша (ж)	**land**	[lænd]
материк (ч)	**continent**	['kɑːntɪnənt]
острів (ч)	**island**	['aɪlənd]
півострів (ч)	**peninsula**	[pə'nɪnsjʊlə]
архіпелаг (ч)	**archipelago**	[ɑːkɪ'pɛlɪgoʊ]
бухта (ж)	**bay**	[beɪ]
гавань (ж)	**harbor**	['hɑːbə]
лагуна (ж)	**lagoon**	[lə'guːn]
мис (ч)	**cape**	[keɪp]
атол (ч)	**atoll**	['ætɔːl]
риф (ч)	**reef**	[riːf]
корал (ч)	**coral**	['kɔːrəl]
кораловий риф (ч)	**coral reef**	['kɔːrəl riːf]
глибокий	**deep**	[diːp]

глибина (ж)	depth	[dɛpθ]
безодня (ж)	abyss	[ə'bɪs]
западина (ж)	trench	[trɛntʃ]

| течія (ж) | current | ['kʌrənt] |
| омивати | to surround (vt) | [tʊ sə'raʊnd] |

| берег (ч) | shore | [ʃɔ:] |
| узбережжя (с) | coast | ['koʊst] |

приплив (ч)	flow	['floʊ]
відлив (ч)	ebb	[ɛb]
мілина (ж)	shoal	['ʃoʊl]
дно (с)	bottom	['bɑ:təm]

хвиля (ж)	wave	[weɪv]
гребінь (ч) хвилі	crest	[krɛst]
піна (ж)	foam, spume	['foʊm], [spju:m]

буря (ж)	storm	[stɔ:m]
ураган (ч)	hurricane	['hʌrɪkeɪn]
цунамі (с)	tsunami	[tsu:'nɑ:mɪ]
штиль (ч)	calm	[kɑ:m]
спокійний	quiet, calm	['kwaɪət], [kɑ:m]

| полюс (ч) | pole | ['poʊl] |
| полярний | polar | ['poʊlə] |

широта (ж)	latitude	['lætɪtu:d]
довгота (ж)	longitude	['lɔ:ndʒɪtu:d]
паралель (ж)	parallel	['pærəlɛl]
екватор (ч)	equator	[ɪ'kweɪtə]

небо (с)	sky	[skaɪ]
горизонт (ч)	horizon	[hə'raɪzn]
повітря (с)	air	[ɛə]

маяк (ч)	lighthouse	['laɪthaʊs]
пірнати	to dive (vi)	[tʊ daɪv]
затонути (про корабель)	to sink (vi)	[tʊ sɪŋk]
скарби (мн)	treasure	['trɛʒə]

78. Назви морів і океанів

Атлантичний океан (ч)	the Atlantic Ocean	[ðɪ ət'læntɪk 'əʊʃən]
Індійський океан (ч)	the Indian Ocean	[ðɪ 'ɪndɪən 'əʊʃən]
Тихий океан (ч)	the Pacific Ocean	[ðə pə'sɪfɪk 'əʊʃən]
Північний Льодовитий океан (ч)	the Arctic Ocean	[ðɪ 'ɑrktɪk 'əʊʃən]
Чорне море (с)	the Black Sea	[ðə 'blæk si:]

Червоне море (с)	**the Red Sea**	[ðə rɛd si:]
Жовте море (с)	**the Yellow Sea**	[ðɪ 'jɛləʊ si:]
Біле море (с)	**the White Sea**	[ðə waɪt si:]
Каспійське море (с)	**the Caspian Sea**	[ðə 'kæspɪən si:]
Мертве море (с)	**the Dead Sea**	[ðə 'dɛd si:]
Середземне море (с)	**the Mediterranean Sea**	[ðə ˌmɛdɪtə'reɪnɪən si:]
Егейське море (с)	**the Aegean Sea**	[ðɪ i:'dʒi:ən si:]
Адріатичне море (с)	**the Adriatic Sea**	[ðɪ ˌeɪdrɪ'ætɪk si:]
Аравійське море (с)	**the Arabian Sea**	[ðɪ ə'reɪbɪən si:]
Японське море (с)	**the Sea of Japan**	[ðə si: əv dʒə'pæn]
Берингове море (с)	**the Bering Sea**	[ðə 'bɛrɪŋ si:]
Південно-Китайське море (с)	**the South China Sea**	[ðə 'saʊθ 'ʧaɪnə si:]
Коралове море (с)	**the Coral Sea**	[ðə 'kɒrəl si:]
Тасманове море (с)	**the Tasman Sea**	[ðə 'tæzmən si:]
Карибське море (с)	**the Caribbean Sea**	[ðə kæ'rɪbɪən si:]
Баренцеве море (с)	**the Barents Sea**	[ðə 'bærənts si:]
Карське море (с)	**the Kara Sea**	[ðə 'kɑːrə si:]
Північне море (с)	**the North Sea**	[ðə nɔ:θ si:]
Балтійське море (с)	**the Baltic Sea**	[ðə 'bɔ:ltɪk si:]
Норвезьке море (с)	**the Norwegian Sea**	[ðə nɔ:'wi:dʒən si:]

79. Гори

гора (ж)	**mountain**	['maʊntən]
гірський ланцюг (ч)	**mountain range**	['maʊntən reɪndʒ]
гірський хребет (ч)	**mountain ridge**	['maʊntən rɪdʒ]
вершина (ж)	**summit, top**	['sʌmɪt], [tɑ:p]
шпиль (ч)	**peak**	[pi:k]
підніжжя (с) (гори)	**foot**	[fʊt]
схил (ч)	**slope**	['sloʊp]
вулкан (ч)	**volcano**	[vɑ:l'keɪnoʊ]
діючий вулкан (ч)	**active volcano**	['æktɪv vɑ:l'kɛnoʊ]
згаслий вулкан (ч)	**dormant volcano**	['dɔ:mənt vɑ:l'kɛnoʊ]
виверження (с)	**eruption**	[ɪ'rʌpʃn]
кратер (ч)	**crater**	['kreɪtə]
магма (ж)	**magma**	['mægmə]
лава (ж)	**lava**	['lɑ:və]
розжарений	**molten**	['moʊltən]
каньйон (ч)	**canyon**	['kænjən]
ущелина (ж)	**gorge**	[gɔ:dʒ]

| розщілина (ж) | crevice | ['krɛvɪs] |
| прірва (ж), обрив (ч) | abyss | [ə'bɪs] |

перевал (ч)	pass, col	[pæs], [kɑːl]
плато (с)	plateau	[plæ'toʊ]
скеля (ж)	cliff	[klɪf]
пагорб (ч)	hill	[hɪl]

льодовик (ч)	glacier	['gleɪʃə]
водоспад (ч)	waterfall	['wɔːtəfɔːl]
гейзер (ч)	geyser	['gaɪzə]
озеро (с)	lake	[leɪk]

рівнина (ж)	plain	[pleɪn]
краєвид (ч)	landscape	['lændskeɪp]
луна (ж)	echo	['ɛkoʊ]

альпініст (ч)	alpinist	['ælpɪnɪst]
скелелаз (ч)	rock climber	[rɑːk 'klaɪmə]
підкоряти	to conquer (vt)	[tʊ 'kɑːŋkə]
підйом (ч) (на гору)	climb	[klaɪm]

80. Назви гір

Альпи (мн)	The Alps	[ðɪ ælps]
Монблан (ч)	Mont Blanc	[mɒ 'blɒ(k)]
Піренеї (мн)	The Pyrenees	[ðə pɪrə'niːz]

Карпати (мн)	The Carpathians	[ðə kɑː'peɪθɪənz]
Уральські гори (мн)	The Ural Mountains	[ðɪ 'jʊərəl 'maʊntɪnz]
Кавказ (ч)	The Caucasus Mountains	[ðə 'kɔːkəsəs 'maʊntɪnz]
Ельбрус (ч)	Mount Elbrus	['maʊnt 'ɛlbruːs]

Алтай (ч)	The Altai Mountains	[ðɪ ɑːl'taɪ 'maʊntɪnz]
Тянь-Шань (мн)	The Tian Shan	[ðə tjɛn ʃɑːn]
Памір (ч)	The Pamirs	[ðə pə'mɪəz]
Гімалаї (мн)	The Himalayas	[ðə hɪmə'leɪəz]
Еверест (ч)	Mount Everest	['maʊnt 'ɛvərɪst]

| Анди (мн) | The Andes | [ðɪ 'ændiːz] |
| Кіліманджаро (ж) | Mount Kilimanjaro | ['maʊnt kɪlɪmən'dʒɑːroʊ] |

81. Річка

ріка (ж)	river	['rɪvə]
джерело (с)	spring	[sprɪŋ]
річище (с)	riverbed	['rɪvəbɛd]

| басейн (ч) (річки) | basin | ['beɪsən] |
| впадати у… (про ріку) | to flow into … | [tʊ 'floʊ 'ɪntʊ …] |

| притока (ж) | tributary | ['trɪbjʊtərɪ] |
| берег (ч) | bank | [bæŋk] |

течія (ж)	current, stream	['kʌrənt], [stri:m]
вниз за течією	downstream	['daʊnstri:m]
уверх за течією	upstream	['ʌpstri:m]

повінь (ж)	inundation	[ɪnʌn'deɪʃn]
повінь (ж)	flooding	['flʌdɪŋ]
розливатися	to overflow (vi)	[tʊ oʊvə'floʊ]
затоплювати	to flood (vt)	[tʊ flʌd]

| мілина (ж) | shallow | ['ʃæloʊ] |
| поріг (ч) | rapids | ['ræpɪdz] |

гребля (ж)	dam	[dæm]
канал (ч)	canal	[kə'næl]
водосховище (с)	reservoir	['rɛzəvwɑ:]
шлюз (ч)	sluice, lock	[slu:s], [lɑ:k]

водойма (ж)	water body	['wɔ:tə 'bɑ:dɪ]
болото (с)	swamp	[swɑ:mp]
трясовина (ж)	bog, marsh	[bɑ:g], [mɑ:ʃ]
вир (ч)	whirlpool	['wɜ:lpu:l]

струмок (ч)	stream	[stri:m]
питний	drinking	['drɪŋkɪŋ]
прісний (про воду)	fresh	[frɛʃ]

| лід (ч), крига (ж) | ice | [aɪs] |
| замерзнути (про річку) | to freeze over | [tʊ fri:z 'oʊvə] |

82. Назви річок

| Сена (ж) | the Seine | [ðə seɪn] |
| Луара (ж) | the Loire | [ðə lwɑ:] |

Темза (ж)	the Thames	[ðə tɛmz]
Рейн (ч)	the Rhine	[ðə raɪn]
Дунай (ч)	the Danube	[ðə 'dænju:b]

Волга (ж)	the Volga	[ðə 'vɒlgə]
Дон (ч)	the Don	[ðə dɒn]
Лена (ж)	the Lena	[ðə 'leɪnə]

| Хуанхе (ж) | the Yellow River | [ðɪ 'jɛloʊ 'rɪvə(r)] |
| Янцзи (ж) | the Yangtze | [ðɪ 'jæŋtsɪ] |

| Меконг (ч) | the Mekong | [ðə 'miːkɒŋ] |
| Ганг (ч) | the Ganges | [ðə 'gændʒiːz] |

Ніл (ч)	the Nile River	[ðə naɪl 'rɪvə(r)]
Конго (ж)	the Congo River	[ðə 'kɒŋɡəʊ 'rɪvə(r)]
Окаванго (ж)	the Okavango River	[ðɪ ˌɔkə'væŋɡəʊ 'rɪvə(r)]
Замбезі (ж)	the Zambezi River	[ðə zæm'biːzɪ 'rɪvə(r)]
Лімпопо (ж)	the Limpopo River	[ðə lɪm'pəʊpəʊ 'rɪvə(r)]
Міссісіпі (ж)	the Mississippi River	[ðə mɪsɪ'sɪpɪ 'rɪvə(r)]

83. Ліс

| ліс (ч) | forest, wood | ['fɔːrɪst], [wʊd] |
| лісовий | forest | ['fɔːrɪst] |

хаща (ж)	thick forest	[θɪk 'fɔːrɪst]
гай (ч)	grove	['ɡrəʊv]
галявина (ж)	clearing	['klɪrɪŋ]

| зарості (мн) | thicket | ['θɪkɪt] |
| чагарник (ч) | scrubland | ['skrʌblænd] |

| стежина (ж) | footpath | ['fʊtpɑːθ] |
| яр (ч) | gully | ['ɡʌlɪ] |

дерево (с)	tree	[triː]
листок (ч)	leaf	[liːf]
листя (с)	leaves	[liːvz]

листопад (ч)	fall of leaves	[fɔːl əv liːvz]
опадати (про листя)	to fall (vi)	[tʊ fɔːl]
верхівка (ж) (дерева)	top	[tɑːp]

гілка (ж)	branch	[bræntʃ]
сук (ч)	bough	['baʊ]
брунька (ж)	bud	[bʌd]
голка (ж)	needle	['niːdl]
шишка (ж) (соснова)	pine cone	[paɪn 'kəʊn]

| дупло (с) | tree hollow | [triː 'hɑːləʊ] |
| гніздо (с) | nest | [nɛst] |

стовбур (ч) (дерева)	trunk	[trʌŋk]
корінь (ч)	root	[ruːt]
кора (ж)	bark	[bɑːk]
мох (ч)	moss	[mɔːs]

корчувати	to uproot (vt)	[tʊ ʌp'ruːt]
рубати (дерево)	to chop down	[tʊ tʃɑːp 'daʊn]
вирубувати ліс	to deforest (vt)	[tʊ diː'fɔːrɪst]

пень (ч)	tree stump	[tri: stʌmp]
багаття (с)	campfire	['kæmpfaɪə]
лісова пожежа (ж)	forest fire	['fɔ:rɪst 'faɪə]
тушити	to extinguish (vt)	[tʊ ɪk'stɪŋgwɪʃ]

| лісник (ч) | forest ranger | ['fɔ:rɪst 'reɪndʒə] |
| охорона (ж) (захист рослин) | protection | [prə'tɛkʃn] |

охороняти (~ природу)	to protect (vt)	[tʊ prə'tɛkt]
браконьєр (ч)	poacher	['poʊtʃə]
капкан (ч)	jaw trap	[dʒɔ: træp]

| збирати (гриби, ягоди) | to gather, to pick (vt) | [tʊ 'gæðə], [tʊ pɪk] |
| заблукати | to lose one's way | [tʊ lu:z wʌnz weɪ] |

84. Природні ресурси

природні ресурси (мн)	natural resources	['nætʃərəl 'ri:sɔ:sɪz]
корисні копалини (мн)	underground resources	['ʌndəgraʊnd 'ri:sɔ:sɪz]
поклади (мн)	deposits	[dɪ'pɑ:zɪts]
родовище (с)	field	[fi:ld]

добувати (руду)	to mine (vt)	[tʊ maɪn]
добування (с)	mining	['maɪnɪŋ]
руда (ж)	ore	[ɔ:]
копальня (ж)	mine	[maɪn]
шахта (ж) (свердловина)	shaft	[ʃæft]
шахтар (ч)	miner	['maɪnə]

| газ (ч) | gas | [gæs] |
| газопровід (ч) | gas pipeline | [gæs 'paɪplaɪn] |

нафта (ж)	oil, petroleum	[ɔɪl], [pɪ'troʊlɪəm]
нафтопровід (ч)	oil pipeline	[ɔɪl 'paɪplaɪn]
нафтова вишка (ж)	oil well	[ɔɪl wɛl]
свердлова вежа (ж)	derrick	['dɛrɪk]
танкер (ч)	tanker	['tæŋkə]

пісок (ч)	sand	[sænd]
вапняк (ч)	limestone	['laɪmstoʊn]
гравій (ч)	gravel	['grævəl]
торф (ч)	peat	[pi:t]
глина (ж)	clay	[kleɪ]
вугілля (с)	coal	['koʊl]

залізо (с)	iron	['aɪrən]
золото (с)	gold	['goʊld]
срібло (с)	silver	['sɪlvə]
нікель (ч)	nickel	['nɪkəl]
мідь (ж)	copper	['kɑ:pə]

цинк (ч)	zinc	[zɪŋk]
марганець (ч)	manganese	['mæŋgəni:z]
ртуть (ж)	mercury	['mɜ:kjʊrɪ]
свинець (ч)	lead	[lɛd]

мінерал (ч)	mineral	['mɪnərəl]
кристал (ч)	crystal	['krɪstəl]
мармур (ч)	marble	['mɑ:bl]
уран (ч)	uranium	[jʊ'reɪnɪəm]

85. Погода

погода (ж)	weather	['wɛðə]
прогноз (ч) погоди	weather forecast	['wɛðə 'fɔ:kæst]
температура (ж)	temperature	['tɛmprətʃə]
термометр (ч)	thermometer	[θə'mɑ:mɪtə]
барометр (ч)	barometer	[bə'rɑ:mɪtə]

вологий (клімат)	humid	['hju:mɪd]
вологість (ж)	humidity	[hju:'mɪdətɪ]
спека (ж)	heat	[hi:t]
гарячий	hot, torrid	[hɑ:t], ['tɔ:rɪd]
спекотно (про погоду)	it's hot	[ɪts hɑ:t]

| тепло (про погоду) | it's warm | [ɪts wɔ:m] |
| теплий (день) | warm | [wɔ:m] |

| холодно (про погоду) | it's cold | [ɪts 'kʊʊld] |
| холодний | cold | ['kʊʊld] |

сонце (с)	sun	[sʌn]
світити (про сонце)	to shine (vi)	[tʊ ʃaɪn]
сонячний (день)	sunny	['sʌnɪ]
зійти	to come up (vi)	[tʊ kʌm ʌp]
сісти	to set (vi)	[tʊ sɛt]

хмара (ж)	cloud	['klaʊd]
хмарний	cloudy	['klaʊdɪ]
хмара (ж)	rain cloud	[reɪn 'klaʊd]
похмурий	somber	['sɑ:mbə]

дощ (ч)	rain	[reɪn]
йде дощ	it's raining	[ɪts 'reɪnɪŋ]
дощовий	rainy	['reɪnɪ]
накрапати	to drizzle (vi)	[tʊ 'drɪzl]

проливний дощ (ч)	pouring rain	['pɔ:rɪŋ reɪn]
злива (ж)	downpour	['daʊnpɔ:]
сильний (дощ)	heavy	['hɛvɪ]
калюжа (ж)	puddle	['pʌdl]

мокнути	to get wet	[tʊ gɛt wɛt]
туман (ч)	fog, mist	[fɑːg], [mɪst]
туманний	foggy	['fɑːgɪ]
сніг (ч)	snow	['snoʊ]
йде сніг	it's snowing	[ɪts 'snoʊɪŋ]

86. Стихія

гроза (ж)	thunderstorm	['θʌndəstɔːm]
блискавка (ж)	lightning	['laɪtnɪŋ]
блискати	to flash (vi)	[tʊ flæʃ]

грім (ч)	thunder	['θʌndə]
гриміти	to thunder (vi)	[tʊ 'θʌndə]
гримить грім	it's thundering	[ɪts 'θʌndərɪŋ]

| град (ч) | hail | [heɪl] |
| йде град | it's hailing | [ɪts heɪlɪŋ] |

| затопити (залити водою) | to flood (vt) | [tʊ flʌd] |
| повінь (ж) | flood | [flʌd] |

землетрус (ч)	earthquake	['ɜːθkweɪk]
поштовх (ч) (підземний)	tremor, shock	['trɛmə], [ʃɑːk]
епіцентр (ч)	epicenter	['ɛpɪsɛntə]

| виверження (с) | eruption | [ɪ'rʌpʃn] |
| лава (ж) | lava | ['lɑːvə] |

смерч (ч)	twister	['twɪstə]
торнадо (ч)	tornado	[tɔː'neɪdoʊ]
тайфун (ч)	typhoon	[taɪ'fuːn]

ураган (ч)	hurricane	['hʌrɪkeɪn]
буря (ж)	storm	[stɔːm]
цунамі (с)	tsunami	[tsuː'nɑːmɪ]

циклон (ч)	cyclone	['saɪkloʊn]
негода (ж)	bad weather	[bæd 'wɛðə]
пожежа (ж)	fire	['faɪə]
катастрофа (ж)	disaster	[dɪ'zæstə]
метеорит (ч)	meteorite	['miːtɪəraɪt]

лавина (ж)	avalanche	['ævəlɑːnʃ]
обвал (ч) (сніжний)	snowslide	['snoʊslaɪd]
заметіль (ж)	blizzard	['blɪzəd]
завірюха (ж)	snowstorm	['snoʊstɔːm]

ФАУНА

87. Ссавці. Хижаки
88. Дикі тварини
89. Домашні тварини
90. Птахи
91. Риби. Морські тварини
92. Земноводні. Плазуни
93. Комахи. Безхребетні

T&P Books Publishing

87. Ссавці. Хижаки

хижак (ч)	predator	['prɛdətə]
тигр (ч)	tiger	['taɪɡə]
лев (ч)	lion	['laɪən]
вовк (ч)	wolf	[wʊlf]
лисиця (ж)	fox	[fɑ:ks]
ягуар (ч)	jaguar	['dʒæɡwɑ]
леопард (ч)	leopard	['lɛpəd]
гепард (ч)	cheetah	['tʃi:tə]
пантера (ж)	black panther	[blæk 'pænθə]
пума (ж)	puma	['pu:mə]
сніговий барс (ч)	snow leopard	[snoʊ 'lɛpəd]
рись (ж)	lynx	[lɪnks]
койот (ч)	coyote	[kaɪ'oʊtɪ]
шакал (ч)	jackal	['dʒækəl]
гієна (ж)	hyena	[haɪ'i:nə]

88. Дикі тварини

тварина (ж)	animal	['ænɪməl]
звір (ч)	beast	[bi:st]
білка (ж)	squirrel	['skwɜ:rəl]
їжак (ч)	hedgehog	['hɛdʒhɔ:ɡ]
заєць (ч)	hare	[hɛə]
кріль (ч)	rabbit	['ræbɪt]
борсук (ч)	badger	['bædʒə]
єнот (ч)	raccoon	[rə'ku:n]
хом'як (ч)	hamster	['hæmstə]
бабак (ч)	marmot	['mɑ:mət]
кріт (ч)	mole	['moʊl]
миша (ж)	mouse	['maʊs]
щур (ч)	rat	[ræt]
кажан (ч)	bat	[bæt]
горностай (ч)	ermine	['ɜ:mɪn]
соболь (ч)	sable	['seɪbl]
куниця (ж)	marten	['mɑ:tɪn]

ласка (ж)	weasel	['wiːzl]
норка (ж)	mink	[mɪŋk]
бобер (ч)	beaver	['biːvə]
видра (ж)	otter	['ɑːtə]
кінь (ч)	horse	[hɔːs]
лось (ч)	moose	[muːs]
олень (ч)	deer	[dɪə]
верблюд (ч)	camel	['kæməl]
бізон (ч)	bison	['baɪsən]
зубр (ч)	wisent	['wiːzənt]
буйвіл (ч)	buffalo	['bʌfəloʊ]
зебра (ж)	zebra	['ziːbrə]
антилопа (ж)	antelope	['æntɪloʊp]
косуля (ж)	roe deer	['roʊ dɪə]
лань (ж)	fallow deer	['fæloʊ dɪə]
сарна (ж)	chamois	['ʃæmwɑː]
вепр (ч)	wild boar	[waɪld 'bɔː]
кит (ч)	whale	[weɪl]
тюлень (ч)	seal	[siːl]
морж (ч)	walrus	['wɔːlrəs]
котик (ч)	fur seal	[fɜː siːl]
дельфін (ч)	dolphin	['dɑːlfɪn]
ведмідь (ч)	bear	[bɛə]
білий ведмідь (ч)	polar bear	['poʊlə bɛə]
панда (ж)	panda	['pændə]
мавпа (ж)	monkey	['mʌŋkɪ]
шимпанзе (ч)	chimpanzee	[tʃɪmpæn'ziː]
орангутанг (ч)	orangutan	[ɔː'ræŋgətæn]
горила (ж)	gorilla	[gə'rɪlə]
макака (ж)	macaque	[mə'kɑːk]
гібон (ч)	gibbon	['gɪbən]
слон (ч)	elephant	['ɛlɪfənt]
носоріг (ч)	rhinoceros	[raɪ'nɑːsərəs]
жирафа (ж)	giraffe	[dʒə'ræf]
бегемот (ч)	hippopotamus	[hɪpə'pɑːtəməs]
кенгуру (ч)	kangaroo	[kæŋgə'ruː]
коала (ч)	koala	[koʊ'ɑːlə]
мангуст (ч)	mongoose	['mɑːnguːs]
шиншила (ж)	chinchilla	[tʃɪn'tʃɪlə]
скунс (ч)	skunk	[skʌŋk]
дикобраз (ч)	porcupine	['pɔːkjʊpaɪn]

89. Домашні тварини

кішка (ж)	**cat**	[kæt]
кіт (ч)	**tomcat**	['tɑːmkæt]
собака, пес (ч)	**dog**	[dɔːg]
кінь (ч)	**horse**	[hɔːs]
жеребець (ч)	**stallion**	['stælɪən]
кобила (ж)	**mare**	[mɛə]
корова (ж)	**cow**	['kaʊ]
бик (ч)	**bull**	[bʊl]
віл (ч)	**ox**	[ɑːks]
вівця (ж)	**sheep**	[ʃiːp]
баран (ч)	**ram**	[ræm]
коза (ж)	**goat**	['goʊt]
козел (ч)	**he-goat**	['hiː goʊt]
осел (ч)	**donkey**	['dɔːŋkɪ]
мул (ч)	**mule**	[mjuːl]
свиня (ж)	**pig, hog**	[pɪg], [hɔːg]
порося (с)	**piglet**	['pɪglɪt]
кріль (ч)	**rabbit**	['ræbɪt]
курка (ж)	**hen**	[hɛn]
півень (ч)	**rooster**	['ruːstə]
качка (ж)	**duck**	[dʌk]
качур (ч)	**drake**	[dreɪk]
гусак (ч)	**goose**	[guːs]
індик (ч)	**tom turkey, gobbler**	[tɑːm 'tɜːkɪ], ['gɑːblə]
індичка (ж)	**turkey**	['tɜːkɪ]
домашні тварини (мн)	**domestic animals**	[də'mɛstɪk 'ænɪməlz]
ручний (про тварин)	**tame**	[teɪm]
приручати	**to tame** (vt)	[tʊ teɪm]
вирощувати	**to breed** (vt)	[tʊ briːd]
ферма (ж)	**farm**	[fɑːm]
свійські птахи (мн)	**poultry**	['poʊltrɪ]
худоба (ж)	**cattle**	[kætl]
стадо (с)	**herd**	[hɜːd]
конюшня (ж)	**stable**	['steɪbl]
свинарник (ч)	**pigpen**	['pɪgpɛn]
корівник (ч)	**cowshed**	['kaʊʃɛd]
крільчатник (ч)	**rabbit hutch**	['ræbɪt hʌtʃ]
курник (ч)	**hen house**	['hɛn 'haʊs]

90. Птахи

птах (ч)	bird	[bɜ:d]
голуб (ч)	pigeon	['pɪdʒɪn]
горобець (ч)	sparrow	['spærou]
синиця (ж)	tit	[tɪt]
сорока (ж)	magpie	['mægpaɪ]

ворон (ч)	raven	['reɪvən]
ворона (ж)	crow	['krou]
галка (ж)	jackdaw	['dʒækdɔ:]
грак (ч)	rook	[rʊk]

качка (ж)	duck	[dʌk]
гусак (ч)	goose	[gu:s]
фазан (ч)	pheasant	['fɛzənt]

орел (ч)	eagle	['i:gl]
яструб (ч)	hawk	[hɔ:k]
сокіл (ч)	falcon	['fɑ:lkən]
гриф (ч)	vulture	['vʌltʃə]
кондор (ч)	condor	['kɑ:ndɔ:]

лебідь (ч)	swan	[swɑ:n]
журавель (ч)	crane	[kreɪn]
чорногуз (ч)	stork	[stɔ:k]

папуга (ч)	parrot	['pærət]
колібрі (ч)	hummingbird	['hʌmɪŋbɜ:d]
пава (ж)	peacock	['pi:kɑ:k]

страус (ч)	ostrich	['ɑ:strɪtʃ]
чапля (ж)	heron	['hɛrən]
фламінго (с)	flamingo	[flə'mɪŋgou]
пелікан (ч)	pelican	['pɛlɪkən]

| соловей (ч) | nightingale | ['naɪtɪŋgeɪl] |
| ластівка (ж) | swallow | ['swɑ:lou] |

дрізд (ч)	thrush	[θrʌʃ]
співучий дрізд (ч)	song thrush	[sɔ:ŋ θrʌʃ]
чорний дрізд (ч)	blackbird	['blækbɜ:d]

стриж (ч)	swift	[swɪft]
жайворонок (ч)	lark	[lɑ:k]
перепел (ч)	quail	[kweɪl]

дятел (ч)	woodpecker	['wʊdpɛkə]
зозуля (ж)	cuckoo	['kʊku:]
сова (ж)	owl	['aʊl]
пугач (ч)	eagle owl	['i:gl 'aʊl]

глухар (ч)	wood grouse	[wʊd 'graʊs]
тетерук (ч)	black grouse	[blæk 'graʊs]
куріпка (ж)	partridge	['pɑ:trɪdʒ]

шпак (ч)	starling	['stɑ:lɪŋ]
канарка (ж)	canary	[kə'nɛrɪ]
рябчик (ч)	hazel grouse	['heɪzəl 'graʊs]
зяблик (ч)	chaffinch	['tʃæfɪntʃ]
снігур (ч)	bullfinch	['bʊlfɪntʃ]

чайка (ж)	seagull	['si:gʌl]
альбатрос (ч)	albatross	['ælbətrɔ:s]
пінгвін (ч)	penguin	['pɛŋgwɪn]

91. Риби. Морські тварини

лящ (ч)	bream	[bri:m]
короп (ч)	carp	[kɑ:p]
окунь (ч)	perch	[pɜ:tʃ]
сом (ч)	catfish	['kætfɪʃ]
щука (ж)	pike	[paɪk]

| лосось (ч) | salmon | ['sæmən] |
| осетер (ч) | sturgeon | ['stɜ:dʒən] |

оселедець (ч)	herring	['hɛrɪŋ]
сьомга (ж)	Atlantic salmon	[ət'læntɪk 'sæmən]
скумбрія (ж)	mackerel	['mækərəl]
камбала (ж)	flatfish	['flætfɪʃ]

судак (ч)	pike perch	[paɪk pɜ:tʃ]
тріска (ж)	cod	[kɑ:d]
тунець (ч)	tuna	['tu:nə]
форель (ж)	trout	['traʊt]

вугор (ч)	eel	[i:l]
електричний скат (ч)	electric ray	[ɪ'lɛktrɪk reɪ]
мурена (ж)	moray eel	['mɔ:reɪ i:l]
піранья (ж)	piranha	[pɪ'rɑ:nə]

акула (ж)	shark	[ʃɑ:k]
дельфін (ч)	dolphin	['dɑ:lfɪn]
кит (ч)	whale	[weɪl]

краб (ч)	crab	[kræb]
медуза (ж)	jellyfish	['dʒɛlɪfɪʃ]
восьминіг (ч)	octopus	['ɑ:ktəpəs]

| морська зірка (ж) | starfish | ['stɑ:fɪʃ] |
| морський їжак (ч) | sea urchin | [si: 'ɜ:tʃɪn] |

морський коник (ч)	seahorse	['si:hɔ:s]
устриця (ж)	oyster	['ɔɪstə]
креветка (ж)	shrimp	[ʃrɪmp]
омар (ч)	lobster	['lɑ:bstə]
лангуст (ч)	spiny lobster	['spaɪnɪ 'lɑ:bstə]

92. Земноводні. Плазуни

змія (ж)	snake	[sneɪk]
отруйний	venomous	['vɛnəməs]
гадюка (ж)	viper	['vaɪpə]
кобра (ж)	cobra	['koʊbrə]
пітон (ч)	python	['paɪθən]
удав (ч)	boa	['boʊə]
вуж (ч)	grass snake	[græs sneɪk]
гримуча змія (ж)	rattle snake	['rætl sneɪk]
анаконда (ж)	anaconda	[ænə'kɑ:ndə]
ящірка (ж)	lizard	['lɪzəd]
ігуана (ж)	iguana	[ɪ'gwɑ:nə]
варан (ч)	monitor lizard	['mɑ:nɪtə 'lɪzəd]
саламандра (ж)	salamander	['sæləmændə]
хамелеон (ч)	chameleon	[kə'mi:lɪən]
скорпіон (ч)	scorpion	['skɔ:pɪən]
черепаха (ж)	turtle	['tɜ:tl]
жаба (ж)	frog	[frɔ:g]
ропуха (ж)	toad	['toʊd]
крокодил (ч)	crocodile	['krɑ:kədaɪl]

93. Комахи. Безхребетні

комаха (ж)	insect, bug	['ɪnsɛkt], [bʌg]
метелик (ч)	butterfly	['bʌtəflaɪ]
мураха (ж)	ant	[ænt]
муха (ж)	fly	[flaɪ]
комар (ч)	mosquito	[mə'ski:toʊ]
жук (ч)	beetle	['bi:tl]
оса (ж)	wasp	[wɑ:sp]
бджола (ж)	bee	[bi:]
джміль (ч)	bumblebee	['bʌmbl̩bi:]
овід (ч)	gadfly	['gædflaɪ]
павук (ч)	spider	['spaɪdə]
павутиння (с)	spiderweb	['spaɪdəwɛb]

бабка (ж)	**dragonfly**	['drægənflaɪ]
коник (ч)	**grasshopper**	['græshɑːpə]
метелик (ч)	**moth**	[mɔːθ]
тарган (ч)	**cockroach**	['kɑːkrəʊtʃ]
кліщ (ч)	**tick**	[tɪk]
блоха (ж)	**flea**	[fliː]
мошка (ж)	**midge**	[mɪdʒ]
сарана (ж)	**locust**	['ləʊkəst]
равлик (ч)	**snail**	[sneɪl]
цвіркун (ч)	**cricket**	['krɪkɪt]
світлячок (ч)	**lightning bug**	['laɪtnɪŋ bʌg]
сонечко (с)	**ladybug**	['leɪdɪbʌg]
хрущ (ч)	**cockchafer**	['kɑːktʃeɪfə]
п'явка (ж)	**leech**	[liːtʃ]
гусениця (ж)	**caterpillar**	['kætəpɪlə]
черв'як (ч)	**earthworm**	['ɜːθwɜːm]
личинка (ж)	**larva**	['lɑːvə]

ФЛОРА

94. Дерева
95. Кущі
96. Фрукти. Ягоди
97. Квіти. Рослини
98. Зернові

T&P Books Publishing

дерево (с)	tree	[tri:]
листяне (дерево)	deciduous	[dɪˈsɪdʒʊəs]
хвойне	coniferous	[kəˈnɪfərəs]
вічнозелене	evergreen	[ˈɛvəgri:n]

яблуня (ж)	apple tree	[æpl tri:]
груша (ж)	pear tree	[ˈpɛə tri:]
черешня (ж)	sweet cherry tree	[swi:t ˈʧɛrɪ tri:]
вишня (ж)	sour cherry tree	[ˈsaʊə ˈʧɛrɪ tri:]
слива (ж)	plum tree	[plʌm tri:]

береза (ж)	birch	[bɜ:ʧ]
дуб (ч)	oak	[ˈoʊk]
липа (ж)	linden tree	[ˈlɪndən tri:]
осика (ж)	aspen	[ˈæspən]
клен (ч)	maple	[ˈmeɪpl]

ялина (ж)	spruce	[spru:s]
сосна (ж)	pine	[paɪn]
модрина (ж)	larch	[lɑ:ʧ]

| ялиця (ж) | fir | [fɜ:] |
| кедр (ч) | cedar | [ˈsi:də] |

| тополя (ж) | poplar | [ˈpɑ:plə] |
| горобина (ж) | rowan | [ˈroʊən] |

| верба (ж) | willow | [ˈwɪloʊ] |
| вільха (ж) | alder | [ˈɔ:ldə] |

| бук (ч) | beech | [bi:ʧ] |
| в'яз (ч) | elm | [ɛlm] |

| ясен (ч) | ash | [æʃ] |
| каштан (ч) | chestnut | [ˈʧɛsnʌt] |

магнолія (ж)	magnolia	[mægˈnoʊlɪə]
пальма (ж)	palm tree	[pɑ:m tri:]
кипарис (ч)	cypress	[ˈsaɪprəs]

мангрове дерево (с)	mangrove	[ˈmæŋgroʊv]
баобаб (ч)	baobab	[ˈbeɪoʊbæb]
евкаліпт (ч)	eucalyptus	[juːkəˈlɪptəs]
секвоя (ж)	sequoia	[sɪˈkwɔɪə]

95. Кущі

| кущ (ч) | bush | [bʊʃ] |
| чагарник (ч) | shrub | [ʃrʌb] |

| виноград (ч) | grapevine | ['greɪpvaɪn] |
| виноградник (ч) | vineyard | ['vɪnjəd] |

малина (ж)	raspberry bush	['ræzbərɪ bʊʃ]
чорна смородина (ж)	blackcurrant bush	[blæk'kɜːrənt bʊʃ]
порічки (мн)	redcurrant bush	[rɛd'kɜːrənt bʊʃ]
аґрус (ч)	gooseberry bush	['guːzbərɪ bʊʃ]

акація (ж)	acacia	[ə'keɪʃə]
барбарис (ч)	barberry	['bɑːbərɪ]
жасмин (ч)	jasmine	['dʒæzmɪn]

ялівець (ч)	juniper	['dʒuːnɪpə]
трояндовий кущ (ч)	rosebush	['roʊzbʊʃ]
шипшина (ж)	dog rose	[dɔːg 'roʊz]

96. Фрукти. Ягоди

фрукт, плід (ч)	fruit	[fruːt]
фрукти, плоди (мн)	fruits	[fruːts]
яблуко (с)	apple	[æpl]
груша (ж)	pear	[pɛə]
слива (ж)	plum	[plʌm]

полуниця (ж)	strawberry	['strɔːbərɪ]
вишня (ж)	sour cherry	['saʊə 'tʃɛrɪ]
черешня (ж)	sweet cherry	[swiːt 'tʃɛrɪ]
виноград (ч)	grapes	[greɪps]

малина (ж)	raspberry	['ræzbərɪ]
чорна смородина (ж)	blackcurrant	[blæk'kɜːrənt]
порічки (мн)	redcurrant	[rɛd'kɜːrənt]
аґрус (ч)	gooseberry	['guːzbərɪ]
журавлина (ж)	cranberry	['krænbərɪ]

апельсин (ч)	orange	['ɔːrɪndʒ]
мандарин (ч)	mandarin	['mændərɪn]
ананас (ч)	pineapple	['paɪnˌæpl]
банан (ч)	banana	[bə'nɑːnə]
фінік (ч)	date	[deɪt]

лимон (ч)	lemon	['lɛmən]
абрикос (ч)	apricot	['æprɪkɑːt]
персик (ч)	peach	[piːtʃ]

ківі (ч)	**kiwi**	['ki:wi:]
грейпфрут (ч)	**grapefruit**	['greɪpfru:t]
ягода (ж)	**berry**	['bɛrɪ]
ягоди (мн)	**berries**	['bɛrɪːz]
брусниця (ж)	**cowberry**	['kaʊbɛrɪ]
суниця (ж)	**wild strawberry**	['waɪld 'strɔ:bərɪ]
чорниця (ж)	**bilberry**	['bɪlbərɪ]

97. Квіти. Рослини

квітка (ж)	**flower**	['flaʊə]
букет (ч)	**bouquet**	[bʊ'keɪ]
троянда (ж)	**rose**	['roʊz]
тюльпан (ч)	**tulip**	['tu:lɪp]
гвоздика (ж)	**carnation**	[kɑ:'neɪʃn]
гладіолус (ч)	**gladiolus**	[glædɪ'oʊləs]
волошка (ж)	**cornflower**	['kɔ:nflaʊə]
дзвіночок (ч)	**harebell**	['hɛəbɛl]
кульбаба (ж)	**dandelion**	['dændɪlaɪən]
ромашка (ж)	**camomile**	['kæməmaɪl]
алое (с)	**aloe**	['æloʊ]
кактус (ч)	**cactus**	['kæktəs]
фікус (ч)	**rubber plant, ficus**	['rʌbə plænt], ['faɪkəs]
лілея (ж)	**lily**	['lɪlɪ]
герань (ж)	**geranium**	[dʒə'reɪnɪəm]
гіацинт (ч)	**hyacinth**	['haɪəsɪnθ]
мімоза (ж)	**mimosa**	[mɪ'moʊzə]
нарцис (ч)	**narcissus**	[nɑ:'sɪsəs]
настурція (ж)	**nasturtium**	[nəs'tɜ:ʃəm]
орхідея (ж)	**orchid**	['ɔ:kɪd]
півонія (ж)	**peony**	['pi:ənɪ]
фіалка (ж)	**violet**	['vaɪələt]
братки (мн)	**pansy**	['pænzɪ]
незабудка (ж)	**forget-me-not**	[fə'gɛt mi nɑ:t]
стокротки (мн)	**daisy**	['deɪzɪ]
мак (ч)	**poppy**	['pɑ:pɪ]
коноплі (мн)	**hemp**	[hɛmp]
м'ята (ж)	**mint**	[mɪnt]
конвалія (ж)	**lily of the valley**	['lɪlɪ əv ðə 'vælɪ]
пролісок (ч)	**snowdrop**	['snoʊdrɑ:p]

кропива (ж)	nettle	['nɛtl]
щавель (ч)	sorrel	['sɔːrəl]
латаття (с)	water lily	['wɔːtə 'lılı]
папороть (ж)	fern	[fɜːn]
лишайник (ч)	lichen	['laıkən]

оранжерея (ж)	conservatory	[kən'sɜːvətɔːrı]
газон (ч)	lawn	[lɔːn]
клумба (ж)	flowerbed	['flaʊəbɛd]

рослина (ж)	plant	[plænt]
трава (ж)	grass	[grææs]
травинка (ж)	blade of grass	[bleıd əv grææs]

листок (ч)	leaf	[liːf]
пелюстка (ж)	petal	['pɛtl]
стебло (с)	stem	[stɛm]
бульба (ж)	tuber	['tuːbə]

| паросток (ч) | young plant | [jʌŋ plænt] |
| колючка (ж) | thorn | [θɔːn] |

цвісти	to blossom (vi)	[tʊ 'blɑːsəm]
в'янути	to fade (vi)	[tʊ feıd]
запах (ч)	smell	[smɛl]
зрізати	to cut (vt)	[tʊ kʌt]
зірвати (квітку)	to pick (vt)	[tʊ pık]

98. Зернові

зерно (с)	grain	[greın]
зернові рослини (мн)	cereal crops	['sırıəl krɑːps]
колос (ч)	ear	[ıə]

пшениця (ж)	wheat	[wiːt]
жито (с)	rye	[raı]
овес (ч)	oats	['oʊts]

| просо (с) | millet | ['mılıt] |
| ячмінь (ч) | barley | ['bɑːlı] |

кукурудза (ж)	corn	[kɔːn]
рис (ч)	rice	[raıs]
гречка (ж)	buckwheat	['bʌkwiːt]

горох (ч)	pea	[piː]
квасоля (ж)	kidney beans	['kıdnı biːnz]
соя (ж)	soy	['sɔı]
сочевиця (ж)	lentil	['lɛntıl]
боби (мн)	beans	[biːnz]

КРАЇНИ СВІТУ

99. Країни А-І
100. Країни К-П
101. Країни Р-Я

T&P Books Publishing

Афганістан (ч)	**Afghanistan**	[æfˈgænɪstæn]
Південно-Африканська Республіка (ж)	**South Africa**	[ˈsaʊθ ˈæfrɪkə]
Албанія (ж)	**Albania**	[ælˈbeɪnɪə]
Німеччина (ж)	**Germany**	[ˈdʒɜːmənɪ]
Саудівська Аравія (ж)	**Saudi Arabia**	[ˈsaʊdɪ əˈreɪbɪə]
Аргентина (ж)	**Argentina**	[ɑːdʒənˈtiːnə]
Вірменія (ж)	**Armenia**	[ɑːˈmiːnɪə]
Австралія (ж)	**Australia**	[ɔːˈstreɪlɪə]
Австрія (ж)	**Austria**	[ˈɔːstrɪə]
Азербайджан (ч)	**Azerbaijan**	[ˌæzəbaɪˈdʒɑːn]
Багамські острови (мн)	**The Bahamas**	[ðə bəˈhɑːməz]
Бангладеш (ч)	**Bangladesh**	[ˌbæŋɡləˈdɛʃ]
Бельгія (ж)	**Belgium**	[ˈbɛldʒəm]
Білорусь (ж)	**Belarus**	[bɛləˈruːs]
Болівія (ж)	**Bolivia**	[boˈlɪvɪə]
Боснія і Герцеговина (ж)	**Bosnia and Herzegovina**	[ˈbɒz.nɪə ənd hɜːtsəɡəˈviːnə]
Бразилія (ж)	**Brazil**	[brəˈzɪl]
Болгарія (ж)	**Bulgaria**	[bʊlˈɡɛrɪə]
Камбоджа (ж)	**Cambodia**	[kæmˈboʊdɪə]
Канада (ж)	**Canada**	[ˈkænədə]
Казахстан (ч)	**Kazakhstan**	[ˈkæzɑkstæn]
Чилі (ж)	**Chile**	[ˈtʃɪlɪ]
Китай (ч)	**China**	[ˈtʃaɪnə]
Кіпр (ч)	**Cyprus**	[ˈsaɪprəs]
Колумбія (ж)	**Colombia**	[kəˈlʌmbɪə]
Північна Корея (ж)	**North Korea**	[nɔːθ kəˈrɪə]
Південна Корея (ж)	**South Korea**	[ˈsaʊθ kəˈrɪə]
Хорватія (ж)	**Croatia**	[kroʊˈeɪʃə]
Куба (ж)	**Cuba**	[ˈkjuːbə]
Данія (ж)	**Denmark**	[ˈdɛnmɑːk]
Єгипет (ч)	**Egypt**	[ˈiːdʒɪpt]
Об'єднані Арабські емірати (мн)	**United Arab Emirates**	[juːˈnaɪtɪd ˈærəb ˈɛmərəts]
Еквадор (ч)	**Ecuador**	[ˈɛkwədɔː]
Шотландія (ж)	**Scotland**	[ˈskɑːtlənd]
Словаччина (ж)	**Slovakia**	[sləˈvækɪə]
Словенія (ж)	**Slovenia**	[sləˈviːnɪə]
Іспанія (ж)	**Spain**	[speɪn]

Сполучені Штати Америки (мн)	The United States of America	[ðə juːˈnaɪtɪd steɪts əv əˈmɛrɪkə]
Естонія (ж)	Estonia	[ɛsˈtoʊnɪə]
Фінляндія (ж)	Finland	[ˈfɪnlənd]
Франція (ж)	France	[fræns]

100. Країни К-П

Гана (ж)	Ghana	[ˈɡɑːnə]
Грузія (ж)	Georgia	[ˈdʒɔːdʒə]
Велика Британія (ж)	Great Britain	[ɡreɪt ˈbrɪtn]
Греція (ж)	Greece	[ɡriːs]
Гаїті (ч)	Haiti	[ˈheɪtɪ]
Угорщина (ж)	Hungary	[ˈhʌŋɡərɪ]
Індія (ж)	India	[ˈɪndɪə]

Індонезія (ж)	Indonesia	[ɪndəˈniːʒə]
Англія (ж)	England	[ˈɪŋɡlənd]
Іран (ч)	Iran	[ɪˈrɑːn]
Ірак (ч)	Iraq	[ɪˈrɑːk]
Ірландія (ж)	Ireland	[ˈaɪələnd]
Ісландія (ж)	Iceland	[ˈaɪslənd]
Ізраїль (ч)	Israel	[ˈɪzreɪl]

Італія (ж)	Italy	[ˈɪtəlɪ]
Ямайка (ж)	Jamaica	[dʒəˈmeɪkə]
Японія (ж)	Japan	[dʒəˈpæn]
Йорданія (ж)	Jordan	[ˈdʒɔːdən]
Кувейт (ч)	Kuwait	[kʊˈweɪt]
Лаос (ч)	Laos	[ˈlaʊs]
Латвія (ж)	Latvia	[ˈlætvɪə]

Ліван (ч)	Lebanon	[ˈlɛbənɑn]
Лівія (ж)	Libya	[ˈlɪbɪə]
Ліхтенштейн (ч)	Liechtenstein	[ˈlɪktənstaɪn]
Литва (ж)	Lithuania	[ˌlɪθuˈeɪnjə]
Люксембург (ч)	Luxembourg	[ˈlʌksəmbɜːɡ]
Македонія (ж)	North Macedonia	[nɔːθ ˌmæsɪˈdəʊnɪə]
Мадагаскар (ч)	Madagascar	[mædəˈɡæskə]

Малайзія (ж)	Malaysia	[məˈleɪʒə]
Мальта (ж)	Malta	[ˈmɔːltə]
Марокко (ж)	Morocco	[məˈrɑːkoʊ]
Мексика (ж)	Mexico	[ˈmɛksɪkoʊ]
М'янма (ж)	Myanmar	[mɪænˈmɑː]
Молдова (ж)	Moldavia	[mɑːlˈdavɪə]
Монако (ж)	Monaco	[ˈmɑːnəkoʊ]

| Монголія (ж) | Mongolia | [mɑːŋˈɡoʊlɪə] |
| Чорногорія (ж) | Montenegro | [mɑːntəˈnɛɡroʊ] |

Намібія (ж)	Namibia	[nə'mɪbɪə]
Непал (ч)	Nepal	[nə'pɑl]
Норвегія (ж)	Norway	['nɔːweɪ]
Нова Зеландія (ж)	New Zealand	[nuː 'ziːlənd]

101. Країни Р-Я

Нідерланди (ж)	Netherlands	['nɛðələndz]
Палестина (ж)	Palestine	['pæləstaɪn]
Панама (ж)	Panama	['pænəmɑː]
Пакистан (ч)	Pakistan	['pækɪstæn]
Парагвай (ч)	Paraguay	['pærəgwaɪ]
Перу (ж)	Peru	[pə'ruː]
Французька Полінезія (ж)	French Polynesia	[frɛnʧ pɑːlɪ'niːʒə]
Польща (ж)	Poland	['poulənd]
Португалія (ж)	Portugal	['pɔːʧʊgəl]
Кенія (ж)	Kenya	['kɛnjə]
Киргизстан (ч)	Kirghizia	[kɪːr'gɪzɪə]
Чехія (ж)	Czech Republic	[ʧɛk rɪ'pʌblɪk]
Домініканська республіка (ж)	Dominican Republic	[də'mɪnɪkən rɪ'pʌblɪk]
Румунія (ж)	Romania	[rʊ'meɪnɪə]
Росія (ж)	Russia	['rʌʃə]
Сенегал (ч)	Senegal	[sɛnɪ'gɔːl]
Сербія (ж)	Serbia	['sɜːbɪə]
Сирія (ж)	Syria	['sɪrɪə]
Швеція (ж)	Sweden	['swiːdən]
Швейцарія (ж)	Switzerland	['swɪtsələnd]
Суринам (ч)	Suriname	['sʊrɪnæm]
Таїланд (ч)	Thailand	['taɪlænd]
Тайвань (ч)	Taiwan	[ˌtaɪ'wɑːn]
Таджикистан (ч)	Tajikistan	[tɑː'ʤɪkɪstæn]
Танзанія (ж)	Tanzania	[tænzə'nɪə]
Тасманія (ж)	Tasmania	[tæz'meɪnɪə]
Туніс (ч)	Tunisia	[tʊ'nɪʒə]
Туркменістан (ч)	Turkmenistan	[tɜːk'mɛnɪstæn]
Туреччина (ж)	Turkey	['tɜːkɪ]
Україна (ж)	Ukraine	[juː'kreɪn]
Уругвай (ч)	Uruguay	['ʊrəgwaɪ]
Узбекистан (ч)	Uzbekistan	[ʊz'bɛkɪstæn]
Ватикан (ч)	Vatican City	['vætɪkən 'sɪtɪ]
Венесуела (ж)	Venezuela	[vɛnɪ'zwɛlə]
В'єтнам (ч)	Vietnam	[vjɛt'nɑːm]
Занзібар (ч)	Zanzibar	[zænzɪ'bɑː]

ГАСТРОНОМІЧНИЙ СЛОВНИК

Цей розділ містить велику
кількість слів і термінів,
пов'язаних із кулінарною т
ематикою. За допомогою
цього словника вам буде
легше зрозуміти меню
в ресторані та зробити
правильний вибір страв

T&P Books Publishing

абрикос (ч)	apricot	['æprɪkɑːt]
авокадо (с)	avocado	[ævəˈkɑːdoʊ]
аґрус (ч)	gooseberry	['guːzbərɪ]
акула (ж)	shark	[ʃɑːk]
алкогольні напої (мн)	liquors	['lɪkəz]
ананас (ч)	pineapple	['paɪnˌæpl]
аніс (ч)	anise	[æˈnɪs]
апельсин (ч)	orange	['ɔːrɪndʒ]
апельсиновий сік (ч)	orange juice	['ɔːrɪndʒ dʒuːs]
аперитив (ч)	aperitif	[əpɛrəˈtiːf]
апетит (ч)	appetite	['æpɪtaɪt]
арахіс (ч)	peanut	['piːnʌt]
артишок (ч)	artichoke	['ɑːtɪtʃoʊk]
базилік (ч)	basil	['beɪzəl]
баклажан (ч)	eggplant	['ɛɡplɑːnt]
банан (ч)	banana	[bəˈnɑːnə]
бар (ч)	pub, bar	[pʌb], [bɑː]
баранина (ж)	lamb	[læm]
бармен (ч)	bartender	['bɑːrˌtɛndə]
без газу	still	[stɪl]
безалкогольний	non-alcoholic	[nɑːn ˌælkəˈhɔːlɪk]
безалкогольний напій (ч)	soft drink	[sɔːft drɪŋk]
бекон (ч)	bacon	['beɪkən]
біле вино (с)	white wine	[waɪt waɪn]
білий гриб (ч)	cep	[sɛp]
білки (мн)	proteins	['proʊtiːnz]
білок (ч)	egg white	[ɛɡ waɪt]
біфштекс (ч)	steak	[steɪk]
блюдце (с)	saucer	['sɔːsə]
боби (мн)	beans	[biːnz]
борошно (с)	flour	['flaʊə]
броколі (ж)	broccoli	['brɑːkəlɪ]
брусниця (ж)	cowberry	['kaʊbɛrɪ]
брюссельська капуста (ж)	Brussels sprouts	['brʌsəlz 'spraʊts]
бульйон (ч)	clear soup	[klɪə suːp]
буряк (ч)	beet	[biːt]
варений	boiled	['bɔɪld]
варення (с)	jam	[dʒæm]
вафлі (мн)	wafers	['weɪfəz]
вегетаріанець (ч)	vegetarian	[vɛdʒəˈtɛrɪən]
вегетаріанський	vegetarian	[vɛdʒəˈtɛrɪən]
вермут (ч)	vermouth	[vɜːˈmuːθ]

вершки (мн)	cream	[kri:m]
вершкове масло (с)	butter	['bʌtə]
вечеря (ж)	dinner	['dɪnə]
виделка (ж)	fork	[fɔːk]
вино (с)	wine	[waɪn]
виноград (ч)	grapes	[greɪps]
вишня (ж)	sour cherry	['saʊə 'ʧɛrɪ]
відкривачка (ж)	bottle opener	[bɑːtl 'oʊpənə]
відкривачка (ж)	can opener	[kæn 'oʊpənə]
віскі (с)	whiskey	['wɪskɪ]
вітамін (ч)	vitamin	['vaɪtəmɪn]
вода (ж)	water	['wɔːtə]
вуглеводи (мн)	carbohydrates	[kɑːboʊ'haɪdreɪts]
вугор (ч)	eel	[iːl]
газований	carbonated	['kɑːbəneɪtɪd]
гамбургер (ч)	hamburger	['hæmbɜːgə]
гарбуз (ч)	pumpkin	['pʌmpkɪn]
гарнір (ч)	side dish	[saɪd dɪʃ]
гарячий	hot	[hɑːt]
гвоздика (ж)	cloves	['kloʊvz]
гіркий	bitter	['bɪtə]
гірчиця (ж)	mustard	['mʌstəd]
горілка (ж)	vodka	['vɑːdkə]
горіх (ч) волоський	walnut	['wɔːlnʌt]
горіх (ч) кокосовий	coconut	['koʊkənʌt]
горох (ч)	pea	[piː]
гранат (ч)	pomegranate	['pɑːmɪgrænɪt]
грейпфрут (ч)	grapefruit	['greɪpfruːt]
гречка (ж)	buckwheat	['bʌkwiːt]
гриб (ч)	mushroom	['mʌʃrʊm]
груша (ж)	pear	[pɛə]
гусак (ч)	goose	[guːs]
десерт (ч)	dessert	[dɪ'zɜːt]
джем (ч)	jam	[dʒæm]
джин (ч)	gin	[dʒɪn]
диня (ж)	melon	['mɛlən]
дичина (ж)	game	[geɪm]
дієта (ж)	diet	['daɪət]
жири (мн)	fats	[fæts]
жито (с)	rye	[raɪ]
жовток (ч)	egg yolk	[ɛg 'joʊk]
жувальна гумка (ж)	chewing gum	['ʧuːɪŋ gʌm]
журавлина (ж)	cranberry	['krænbərɪ]
з газом	sparkling	['spɑːklɪŋ]
з льодом	with ice	[wɪð aɪs]
закуска (ж)	appetizer	['æpɪtaɪzə]
заморожений	frozen	['froʊzn]
згущене молоко (с)	condensed milk	[kən'dɛnst mɪlk]
зелений чай (ч)	green tea	[griːn tiː]
зелень (ж)	greens	[griːnz]
зерно (с)	grain	[greɪn]
зернові рослини (мн)	cereal crops	['sɪrɪəl krɑːps]

зморшок (ч)	morel	[məˈrɛl]
зубочистка (ж)	toothpick	[ˈtuːθpɪk]
ікра (ж)	caviar	[ˈkævɪɑː]
імбир (ч)	ginger	[ˈdʒɪndʒə]
індичка (ж)	turkey	[ˈtɜːkɪ]
інжир (ч)	fig	[fɪg]
їжа (ж)	food	[fuːd]
їстівний гриб (ч)	edible mushroom	[ˈɛdɪbl ˈmʌʃrʊm]
йогурт (ч)	yogurt	[ˈjoʊgət]
кабачок (ч)	zucchini	[zuːˈkiːnɪ]
кава (ж)	coffee	[ˈkɔːfɪ]
кава (ж) з молоком	coffee with milk	[ˈkɔːfɪ wɪð mɪlk]
кавун (ч)	watermelon	[ˈwɔːtəmɛlən]
калорія (ж)	calorie	[ˈkælərɪ]
кальмар (ч)	squid	[skwɪd]
камбала (ж)	flatfish	[ˈflætfɪʃ]
канапка (ж)	sandwich	[ˈsænwɪtʃ]
капуста (ж)	cabbage	[ˈkæbɪdʒ]
капучино (с)	cappuccino	[kæpʊˈtʃiːnoʊ]
карта (ж) вин	wine list	[ˈwaɪn lɪst]
картопля (ж)	potato	[pəˈteɪtoʊ]
картопляне пюре (с)	mashed potatoes	[mæʃt pəˈteɪtoʊz]
качка (ж)	duck	[dʌk]
каша (ж)	porridge	[ˈpɔːrɪdʒ]
квасоля (ж)	kidney beans	[ˈkɪdnɪ biːnz]
келих (ч)	glass	[glæs]
ківі (ч)	kiwi	[ˈkiːwiː]
кмин (ч)	caraway	[ˈkærəweɪ]
ковбаса (ж)	sausage	[ˈsɔːsɪdʒ]
коктейль (ч)	cocktail	[ˈkɑːkteɪl]
колос (ч)	ear	[ɪə]
кольорова капуста (ж)	cauliflower	[ˈkɔːlɪflaʊə]
кондитерські вироби (мн)	confectionery	[kənˈfɛkʃənərɪ]
консерви (мн)	canned food	[kænd fuːd]
коньяк (ч)	cognac	[ˈkoʊnjæk]
копчений	smoked	[ˈsmoʊkt]
кориця (ж)	cinnamon	[ˈsɪnəmən]
коріандр (ч)	coriander	[kɔːrɪˈændə]
короп (ч)	carp	[kɑːp]
краб (ч)	crab	[kræb]
креветка (ж)	shrimp	[ʃrɪmp]
крем (ч)	buttercream	[ˈbʌtəˌkriːm]
крихта (ж)	crumb	[krʌm]
кріль (ч)	rabbit	[ˈræbɪt]
кріп (ч)	dill	[dɪl]
крупа (ж)	groats	[grəʊts]
кукурудза (ж)	corn	[kɔːn]
кукурудза (ж)	corn	[kɔːn]
кукурудзяні пластівці (мн)	cornflakes	[ˈkɔːnfleɪks]
кунжут (ч)	sesame	[ˈsɛsəmɪ]

курка (ж)	chicken	['ʧɪkɪn]
кухня (ж)	cuisine	[kwɪ'zi:n]
лавровий лист (ч)	bay leaf	[beɪ li:f]
лангуст (ч)	spiny lobster	['spaɪnɪ 'lɑ:bstə]
лимон (ч)	lemon	['lɛmən]
лимонад (ч)	lemonade	[lɛmə'neɪd]
лисичка (ж)	chanterelle	[ʃɑ:ntə'rɛl]
лід (ч), крига (ж)	ice	[aɪs]
лікер (ч)	liqueur	[lɪ'kɜ:]
ліщина (ж)	hazelnut	['heɪzəlnʌt]
ложка (ж)	spoon	[spu:n]
локшина (ж)	noodles	['nu:dlz]
лосось (ч)	salmon	['sæmən]
лящ (ч)	bream	[bri:m]
м'ясо (с)	meat	[mi:t]
майонез (ч)	mayonnaise	['meɪəneɪz]
макарони (мн)	pasta	['pæstə]
малина (ж)	raspberry	['ræzbərɪ]
манго (с)	mango	['mæŋgoʊ]
мандарин (ч)	mandarin	['mændərɪn]
маргарин (ч)	margarine	['mɑ:rʤərən]
маринований	pickled	['pɪkəld]
мармелад (ч)	marmalade	['mɑ:məleɪd]
мед (ч)	honey	['hʌnɪ]
меню (с)	menu	['mɛnju:]
мигдаль (ч)	almond	['ɑ:mənd]
мінеральна вода (ж)	mineral water	['mɪnərəl 'wɔ:tə]
молоко (с)	milk	[mɪlk]
молочний коктейль (ч)	milkshake	[mɪlk ʃeɪk]
морепродукти (мн)	seafood	['si:fu:d]
морква (ж)	carrot	['kærət]
морозиво (с)	ice-cream	[aɪs kri:m]
мухомор (ч)	fly agaric	[flaɪ 'ægərɪk]
начинка (ж)	filling	['fɪlɪŋ]
ніж (ч)	knife	[naɪf]
обід (ч)	lunch	[lʌnʧ]
овес (ч)	oats	['oʊts]
овочі (мн)	vegetables	['vɛʤtəblz]
огірок (ч)	cucumber	['kju:kʌmbə]
ожина (ж)	blackberry	['blækbərɪ]
окіст (ч)	gammon	['gæmən]
окунь (ч)	perch	[pɜ:ʧ]
оливки (мн)	olives	['ɑ:lɪvz]
олія (ж) оливкова	olive oil	['ɑ:lɪv ɔɪl]
олія (ж) рослинна	vegetable oil	['vɛʤtəbl ɔɪl]
омлет (ч)	omelet	['ɑ:mlət]
оселедець (ч)	herring	['hɛrɪŋ]
осетрина (ж)	sturgeon	['stɜ:ʤən]
отруйний гриб (ч)	poisonous mushroom	['pɔɪzənəs 'mʌʃrʊm]
офіціант (ч)	waiter	['weɪtə]
офіціантка (ж)	waitress	['weɪtrəs]
оцет (ч)	vinegar	['vɪnɪgə]

палтус (ч)	halibut	['hælɪbət]
папайя (ж)	papaya	[pə'paɪə]
паприка (ж)	paprika	['pæprɪkə]
паштет (ч)	pâté	['pæteɪ]
перець (ч)	bell pepper	[bɛl 'pɛpə]
персик (ч)	peach	[pi:tʃ]
петрушка (ж)	parsley	['pɑːslɪ]
печиво (с)	cookies	['kʊkɪz]
печінка (ж)	liver	['lɪvə]
пиво (с)	beer	[bɪə]
пиріг (ч)	pie	[paɪ]
питна вода (ж)	drinking water	['drɪŋkɪŋ 'wɔ:tə]
підберезник (ч)	birch bolete	[bɜːtʃ bə'li:tə]
підосичник (ч)	orange-cap boletus	['ɔ:rɪndʒ kæp bə'li:təs]
піца (ж)	pizza	['pi:tsə]
поганка (ж)	death cap	[dɛθ kæp]
полуниця (ж)	strawberry	['strɔ:bərɪ]
помідор (ч)	tomato	[tə'meɪtoʊ]
порічки (мн)	redcurrant	[rɛd'kɜ:rənt]
порція (ж)	portion	['pɔ:ʃn]
приправа (ж)	condiment	['kɑ:ndɪmənt]
присмак (ч)	aftertaste	['æftəteɪst]
просо (с)	millet	['mɪlɪt]
прохолодний напій (ч)	refreshing drink	[rɪ'frɛʃɪŋ drɪŋk]
прянощі (мн)	spice	[spaɪs]
пудинг (ч)	pudding	['pʊdɪŋ]
пшениця (ж)	wheat	[wi:t]
ракоподібні (мн)	crustaceans	[krʌ'steɪʃənz]
рахунок (ч)	check	[tʃɛk]
редиска (ж)	radish	['rædɪʃ]
рецепт (ч)	recipe	['rɛsəpɪ]
риба (ж)	fish	[fɪʃ]
рис (ч)	rice	[raɪs]
ріпа (ж)	turnip	['tɜ:nɪp]
родзинки (мн)	raisin	['reɪzən]
розчинна кава (ж)	instant coffee	['ɪnstənt 'kɔ:fɪ]
ром (ч)	rum	[rʌm]
салат (ч)	lettuce	['lɛtɪs]
салат (ч)	salad	['sæləd]
сардина (ж)	sardine	[sɑ:'di:n]
свинина (ж)	pork	[pɔ:k]
свіжовижатий сік (ч)	freshly squeezed juice	['frɛʃlɪ skwi:zd dʒu:s]
світле пиво (с)	light beer	[laɪt bɪə]
селера (ж)	celery	['sɛlərɪ]
сир (ч)	cheese	[tʃi:z]
сироїжка (ж)	russula	['rʌsjʊlə]
сік (ч)	juice	[dʒu:s]
сіль (ж)	salt	[sɔ:lt]
скибка (ж)	slice	[slaɪs]
склянка (ж)	glass	[glæs]
скумбрія (ж)	mackerel	['mækərəl]
слива (ж)	plum	[plʌm]

смажений	**fried**	[fraɪd]
смак (ч)	**taste, flavor**	[teɪst], ['fleɪvə]
смачний	**tasty**	['teɪstɪ]
Смачного!	**Enjoy your meal!**	[ɪn'dʒɔɪ jɔː miːl]
сметана (ж)	**sour cream**	['saʊə kriːm]
сніданок (ч)	**breakfast**	['brɛkfəst]
солодкий	**sweet**	[swiːt]
солоний	**salty**	['sɔːltɪ]
сом (ч)	**catfish**	['kætfɪʃ]
соняшникова олія (ж)	**sunflower oil**	['sʌnflaʊə ɔɪl]
сосиска (ж)	**vienna sausage**	[vi'ɛnə 'sɔːsɪdʒ]
соус (ч)	**sauce**	[sɔːs]
сочевиця (ж)	**lentil**	['lɛntɪl]
соя (ж)	**soy**	['sɔɪ]
спагеті (мн)	**spaghetti**	[spə'gɛtɪ]
спаржа (ж)	**asparagus**	[ə'spærəgəs]
столова ложка (ж)	**soup spoon**	[suːp spuːn]
страва (ж)	**course, dish**	[kɔːs], [dɪʃ]
судак (ч)	**pike perch**	[paɪk pɜːtʃ]
суниця (ж)	**wild strawberry**	['waɪld 'strɔːbərɪ]
сушений	**dried**	[draɪd]
сьомга (ж)	**Atlantic salmon**	[ət'læntɪk 'sæmən]
тарілка (ж)	**plate**	[pleɪt]
телятина (ж)	**veal**	[viːl]
темне пиво (с)	**dark beer**	[dɑːk bɪə]
тістечко (с)	**cake**	[keɪk]
томатний сік (ч)	**tomato juice**	[tə'meɪtoʊ dʒuːs]
торт (ч)	**cake**	[keɪk]
тріска (ж)	**cod**	[kɑːd]
тунець (ч)	**tuna**	['tuːnə]
устриця (ж)	**oyster**	['ɔɪstə]
фарш (ч)	**ground meat**	['graʊnd miːt]
фінік (ч)	**date**	[deɪt]
фісташки (мн)	**pistachios**	[pɪ'stɑːʃioʊs]
форель (ж)	**trout**	['traʊt]
фрукт (ч)	**fruit**	[fruːt]
фрукти, плоди (мн)	**fruits**	[fruːts]
хліб (ч)	**bread**	[brɛd]
холодний	**cold**	['koʊld]
хрін (ч)	**horseradish**	['hɔːsˌrædɪʃ]
цибуля (ж)	**onion**	['ʌnjən]
цукерка (ж)	**candy**	['kændɪ]
цукор (ч)	**sugar**	['ʃʊgə]
чай (ч)	**tea**	[tiː]
чайна ложка (ж)	**teaspoon**	['tiːspuːn]
чайові (мн)	**tip**	[tɪp]
часник (ч)	**garlic**	['gɑːlɪk]
чашка (ж)	**cup**	[kʌp]
червоне вино (с)	**red wine**	[rɛd waɪn]
червоний перець (ч)	**red pepper**	[rɛd 'pɛpə]
черешня (ж)	**sweet cherry**	[swiːt 'tʃɛrɪ]
чорна кава (ж)	**black coffee**	[blæk 'kɔːfɪ]

чорна смородина (ж)	**blackcurrant**	[blæk'kɜːrənt]
чорний перець (ч)	**black pepper**	[blæk 'pɛpə]
чорний чай (ч)	**black tea**	[blæk tiː]
чорниця (ж)	**bilberry**	['bɪlbərɪ]
шампанське (с)	**champagne**	[ʃæm'peɪn]
шафран (ч)	**saffron**	['sæfrən]
шинка (ж)	**ham**	[hæm]
шкірка (ж)	**peel**	[piːl]
шматок (ч)	**piece**	[piːs]
шоколад (ч)	**chocolate**	['tʃɑːklət]
шоколадний	**chocolate**	['tʃɑːklət]
шпинат (ч)	**spinach**	['spɪnɪdʒ]
штопор (ч)	**corkscrew**	['kɔːkskruː]
щука (ж)	**pike**	[paɪk]
юшка (ж)	**soup**	[suːp]
яблуко (с)	**apple**	[æpl]
ягода (ж)	**berry**	['bɛrɪ]
ягоди (мн)	**berries**	['bɛrɪːz]
яєчня (ж)	**fried eggs**	[fraɪd ɛgz]
язик (ч)	**tongue**	[tʌŋ]
яйце (с)	**egg**	[ɛg]
яйця (мн)	**eggs**	[ɛgz]
яловичина (ж)	**beef**	[biːf]
ячмінь (ч)	**barley**	['bɑːlɪ]

aftertaste	['æftəteɪst]	присмак (ч)
almond	['ɑːmənd]	мигдаль (ч)
anise	[æ'nɪs]	аніс (ч)
aperitif	[əpɛrə'tiːf]	аперитив (ч)
appetite	['æpɪtaɪt]	апетит (ч)
appetizer	['æpɪtaɪzə]	закуска (ж)
apple	[æpl]	яблуко (с)
apricot	['æprɪkɑːt]	абрикос (ч)
artichoke	['ɑːtɪtʃoʊk]	артишок (ч)
asparagus	[ə'spærəgəs]	спаржа (ж)
Atlantic salmon	[ət'læntɪk 'sæmən]	сьомга (ж)
avocado	[ævə'kɑːdoʊ]	авокадо (с)
bacon	['beɪkən]	бекон (ч)
banana	[bə'nɑːnə]	банан (ч)
barley	['bɑːlɪ]	ячмінь (ч)
bartender	['bɑːrˌtɛndə]	бармен (ч)
basil	['beɪzəl]	базилік (ч)
bay leaf	[beɪ liːf]	лавровий лист (ч)
beans	[biːnz]	боби (мн)
beef	[biːf]	яловичина (ж)
beer	[bɪə]	пиво (с)
beet	[biːt]	буряк (ч)
bell pepper	[bɛl 'pɛpə]	перець (ч)
berries	['bɛrɪːz]	ягоди (мн)
berry	['bɛrɪ]	ягода (ж)
bilberry	['bɪlbərɪ]	чорниця (ж)
birch bolete	[bɜːtʃ bə'liːtə]	підберезник (ч)
bitter	['bɪtə]	гіркий
black coffee	[blæk 'kɔːfɪ]	чорна кава (ж)
black pepper	[blæk 'pɛpə]	чорний перець (ч)
black tea	[blæk tiː]	чорний чай (ч)
blackberry	['blækbərɪ]	ожина (ж)
blackcurrant	[blæk'kɜːrənt]	чорна смородина (ж)
boiled	['bɔɪld]	варений
bottle opener	[bɑːtl 'oʊpənə]	відкривачка (ж)
bread	[brɛd]	хліб (ч)
breakfast	['brɛkfəst]	сніданок (ч)
bream	[briːm]	лящ (ч)
broccoli	['brɑːkəlɪ]	броколі (ж)
Brussels sprouts	['brʌsəlz 'spraʊts]	брюссельська капуста (ж)
buckwheat	['bʌkwiːt]	гречка (ж)
butter	['bʌtə]	вершкове масло (с)
buttercream	['bʌtəˌkriːm]	крем (ч)

cabbage	['kæbɪʤ]	капуста (ж)
cake	[keɪk]	тістечко (с)
cake	[keɪk]	торт (ч)
calorie	['kælərɪ]	калорія (ж)
can opener	[kæn 'oʊpənə]	відкривачка (ж)
candy	['kændɪ]	цукерка (ж)
canned food	[kænd fu:d]	консерви (мн)
cappuccino	[kæpʊ'ʧi:noʊ]	капучино (с)
caraway	['kærəweɪ]	кмин (ч)
carbohydrates	[kɑ:boʊ'haɪdreɪts]	вуглеводи (мн)
carbonated	['kɑ:bəneɪtɪd]	газований
carp	[kɑ:p]	короп (ч)
carrot	['kærət]	морква (ж)
catfish	['kætfɪʃ]	сом (ч)
cauliflower	['kɔ:lɪflaʊə]	кольорова капуста (ж)
caviar	['kævɪɑ:]	ікра (ж)
celery	['sɛlərɪ]	селера (ж)
cep	[sɛp]	білий гриб (ч)
cereal crops	['sɪrɪəl krɑ:ps]	зернові рослини (мн)
champagne	[ʃæm'peɪn]	шампанське (с)
chanterelle	[ʃɑ:ntə'rɛl]	лисичка (ж)
check	[ʧɛk]	рахунок (ч)
cheese	[ʧi:z]	сир (ч)
chewing gum	['ʧu:ɪŋ gʌm]	жувальна гумка (ж)
chicken	['ʧɪkɪn]	курка (ж)
chocolate	['ʧɑ:klət]	шоколад (ч)
chocolate	['ʧɑ:klət]	шоколадний
cinnamon	['sɪnəmən]	кориця (ж)
clear soup	[klɪə su:p]	бульйон (ч)
cloves	['kloʊvz]	гвоздика (ж)
cocktail	['kɑ:kteɪl]	коктейль (ч)
coconut	['koʊkənʌt]	горіх (ч) кокосовий
cod	[kɑ:d]	тріска (ж)
coffee	['kɔ:fɪ]	кава (ж)
coffee with milk	['kɔ:fɪ wɪð mɪlk]	кава (ж) з молоком
cognac	['koʊnjæk]	коньяк (ч)
cold	['koʊld]	холодний
condensed milk	[kən'dɛnst mɪlk]	згущене молоко (с)
condiment	['kɑ:ndɪmənt]	приправа (ж)
confectionery	[kən'fɛkʃənərɪ]	кондитерські вироби (мн)
cookies	['kʊkɪz]	печиво (с)
coriander	[kɔ:rɪ'ændə]	коріандр (ч)
corkscrew	['kɔ:kskru:]	штопор (ч)
corn	[kɔ:n]	кукурудза (ж)
corn	[kɔ:n]	кукурудза (ж)
cornflakes	['kɔ:nfleɪks]	кукурудзяні пластівці (мн)
course, dish	[kɔ:s], [dɪʃ]	страва (ж)
cowberry	['kaʊbɛrɪ]	брусниця (ж)
crab	[kræb]	краб (ч)
cranberry	['krænbərɪ]	журавлина (ж)

cream	[kri:m]	вершки (мн)
crumb	[krʌm]	крихта (ж)
crustaceans	[krʌ'steɪʃənz]	ракоподібні (мн)
cucumber	['kju:kʌmbə]	огірок (ч)
cuisine	[kwɪ'zi:n]	кухня (ж)
cup	[kʌp]	чашка (ж)
dark beer	[dɑːk bɪə]	темне пиво (с)
date	[deɪt]	фінік (ч)
death cap	[dɛθ kæp]	поганка (ж)
dessert	[dɪ'zɜːt]	десерт (ч)
diet	['daɪət]	дієта (ж)
dill	[dɪl]	кріп (ч)
dinner	['dɪnə]	вечеря (ж)
dried	[draɪd]	сушений
drinking water	['drɪŋkɪŋ 'wɔːtə]	питна вода (ж)
duck	[dʌk]	качка (ж)
ear	[ɪə]	колос (ч)
edible mushroom	['ɛdɪbl 'mʌʃrʊm]	їстівний гриб (ч)
eel	[i:l]	вугор (ч)
egg	[ɛg]	яйце (с)
egg white	[ɛg waɪt]	білок (ч)
egg yolk	[ɛg 'jəʊk]	жовток (ч)
eggplant	['ɛgplɑːnt]	баклажан (ч)
eggs	[ɛgz]	яйця (мн)
Enjoy your meal!	[ɪn'dʒɔɪ jɔ: mi:l]	Смачного!
fats	[fæts]	жири (мн)
fig	[fɪg]	інжир (ч)
filling	['fɪlɪŋ]	начинка (ж)
fish	[fɪʃ]	риба (ж)
flatfish	['flætfɪʃ]	камбала (ж)
flour	['flaʊə]	борошно (с)
fly agaric	[flaɪ 'ægərɪk]	мухомор (ч)
food	[fu:d]	їжа (ж)
fork	[fɔ:k]	виделка (ж)
freshly squeezed juice	['frɛʃlɪ skwi:zd dʒu:s]	свіжовижатий сік (ч)
fried	[fraɪd]	смажений
fried eggs	[fraɪd ɛgz]	яєчня (ж)
frozen	['frəʊzn]	заморожений
fruit	[fru:t]	фрукт (ч)
fruits	[fru:ts]	фрукти, плоди (мн)
game	[geɪm]	дичина (ж)
gammon	['gæmən]	окіст (ч)
garlic	['gɑːlɪk]	часник (ч)
gin	[dʒɪn]	джин (ч)
ginger	['dʒɪndʒə]	імбир (ч)
glass	[glæs]	склянка (ж)
glass	[glæs]	келих (ч)
goose	[gu:s]	гусак (ч)
gooseberry	['gu:zbərɪ]	агрус (ч)
grain	[greɪn]	зерно (с)
grapefruit	['greɪpfru:t]	грейпфрут (ч)
grapes	[greɪps]	виноград (ч)

green tea	[gri:n ti:]	зелений чай (ч)
greens	[gri:nz]	зелень (ж)
groats	[grəʊts]	крупа (ж)
ground meat	['graʊnd mi:t]	фарш (ч)
halibut	['hælɪbət]	палтус (ч)
ham	[hæm]	шинка (ж)
hamburger	['hæmbɜ:gə]	гамбургер (ч)
hazelnut	['heɪzəlnʌt]	ліщина (ж)
herring	['hɛrɪŋ]	оселедець (ч)
honey	['hʌnɪ]	мед (ч)
horseradish	['hɔ:sˌrædɪʃ]	хрін (ч)
hot	[hɑt]	гарячий
ice	[aɪs]	лід (ч), крига (ж)
ice-cream	[aɪs kri:m]	морозиво (с)
instant coffee	['ɪnstənt 'kɔ:fɪ]	розчинна кава (ж)
jam	[dʒæm]	джем (ч)
jam	[dʒæm]	варення (с)
juice	[dʒu:s]	сік (ч)
kidney beans	['kɪdnɪ bi:nz]	квасоля (ж)
kiwi	['ki:wi:]	ківі (ч)
knife	[naɪf]	ніж (ч)
lamb	[læm]	баранина (ж)
lemon	['lɛmən]	лимон (ч)
lemonade	[lɛmə'neɪd]	лимонад (ч)
lentil	['lɛntɪl]	сочевиця (ж)
lettuce	['lɛtɪs]	салат (ч)
light beer	[laɪt bɪə]	світле пиво (с)
liqueur	[lɪ'kɜ:]	лікер (ч)
liquors	['lɪkəz]	алкогольні напої (мн)
liver	['lɪvə]	печінка (ж)
lunch	[lʌntʃ]	обід (ч)
mackerel	['mækərəl]	скумбрія (ж)
mandarin	['mændərɪn]	мандарин (ч)
mango	['mæŋgoʊ]	манго (с)
margarine	['mɑ:rdʒərən]	маргарин (ч)
marmalade	['mɑ:məleɪd]	мармелад (ч)
mashed potatoes	[mæʃt pə'teɪtoʊz]	картопляне пюре (с)
mayonnaise	['meɪəneɪz]	майонез (ч)
meat	[mi:t]	м'ясо (с)
melon	['mɛlən]	диня (ж)
menu	['mɛnju:]	меню (с)
milk	[mɪlk]	молоко (с)
milkshake	[mɪlk ʃeɪk]	молочний коктейль (ч)
millet	['mɪlɪt]	просо (с)
mineral water	['mɪnərəl 'wɔ:tə]	мінеральна вода (ж)
morel	[mə'rɛl]	зморшок (ч)
mushroom	['mʌʃrʊm]	гриб (ч)
mustard	['mʌstəd]	гірчиця (ж)
non-alcoholic	[nɑ:n ˌælkə'hɔ:lɪk]	безалкогольний
noodles	['nu:dlz]	локшина (ж)
oats	['oʊts]	овес (ч)
olive oil	['ɑ:lɪv ɔɪl]	олія (ж) оливкова

olives	[ˈɑːlɪvz]	оливки (мн)
omelet	[ˈɑːmlət]	омлет (ч)
onion	[ˈʌnjən]	цибуля (ж)
orange	[ˈɔːrɪndʒ]	апельсин (ч)
orange juice	[ˈɔːrɪndʒ dʒuːs]	апельсиновий сік (ч)
orange-cap boletus	[ˈɔːrɪndʒ kæp bəˈliːtəs]	підосичник (ч)
oyster	[ˈɔɪstə]	устриця (ж)
pâté	[ˈpæteɪ]	паштет (ч)
papaya	[pəˈpaɪə]	папайя (ж)
paprika	[ˈpæprɪkə]	паприка (ж)
parsley	[ˈpɑːslɪ]	петрушка (ж)
pasta	[ˈpæstə]	макарони (мн)
pea	[piː]	горох (ч)
peach	[piːtʃ]	персик (ч)
peanut	[ˈpiːnʌt]	арахіс (ч)
pear	[pɛə]	груша (ж)
peel	[piːl]	шкірка (ж)
perch	[pɜːtʃ]	окунь (ч)
pickled	[ˈpɪkəld]	маринований
pie	[paɪ]	пиріг (ч)
piece	[piːs]	шматок (ч)
pike	[paɪk]	щука (ж)
pike perch	[paɪk pɜːtʃ]	судак (ч)
pineapple	[ˈpaɪnˌæpl]	ананас (ч)
pistachios	[pɪˈstɑːʃɪoʊs]	фісташки (мн)
pizza	[ˈpiːtsə]	піца (ж)
plate	[pleɪt]	тарілка (ж)
plum	[plʌm]	слива (ж)
poisonous mushroom	[ˈpɔɪzənəs ˈmʌʃrʊm]	отруйний гриб (ч)
pomegranate	[ˈpɑːmɪɡrænɪt]	гранат (ч)
pork	[pɔːk]	свинина (ж)
porridge	[ˈpɔːrɪdʒ]	каша (ж)
portion	[ˈpɔːʃn]	порція (ж)
potato	[pəˈteɪtoʊ]	картопля (ж)
proteins	[ˈproʊtiːnz]	білки (мн)
pub, bar	[pʌb], [bɑː]	бар (ч)
pudding	[ˈpʊdɪŋ]	пудинг (ч)
pumpkin	[ˈpʌmpkɪn]	гарбуз (ч)
rabbit	[ˈræbɪt]	кріль (ч)
radish	[ˈrædɪʃ]	редиска (ж)
raisin	[ˈreɪzən]	родзинки (мн)
raspberry	[ˈræzbərɪ]	малина (ж)
recipe	[ˈrɛsəpɪ]	рецепт (ч)
red pepper	[rɛd ˈpɛpə]	червоний перець (ч)
red wine	[rɛd waɪn]	червоне вино (с)
redcurrant	[rɛdˈkɜːrənt]	порічки (мн)
refreshing drink	[rɪˈfrɛʃɪŋ drɪŋk]	прохолодний напій (ч)
rice	[raɪs]	рис (ч)
rum	[rʌm]	ром (ч)
russula	[ˈrʌsjʊlə]	сироїжка (ж)
rye	[raɪ]	жито (с)
saffron	[ˈsæfrən]	шафран (ч)

salad	['sæləd]	салат (ч)
salmon	['sæmən]	лосось (ч)
salt	[sɔ:lt]	сіль (ж)
salty	['sɔ:ltɪ]	солоний
sandwich	['sænwɪtʃ]	канапка (ж)
sardine	[sɑ:'di:n]	сардина (ж)
sauce	[sɔ:s]	соус (ч)
saucer	['sɔ:sə]	блюдце (с)
sausage	['sɔ:sɪdʒ]	ковбаса (ж)
seafood	['si:fu:d]	морепродукти (мн)
sesame	['sɛsəmɪ]	кунжут (ч)
shark	[ʃɑ:k]	акула (ж)
shrimp	[ʃrɪmp]	креветка (ж)
side dish	[saɪd dɪʃ]	гарнір (ч)
slice	[slaɪs]	скибка (ж)
smoked	['smoʊkt]	копчений
soft drink	[sɔ:ft drɪŋk]	безалкогольний напій (ч)
soup	[su:p]	юшка (ж)
soup spoon	[su:p spu:n]	столова ложка (ж)
sour cherry	['saʊə 'tʃɛrɪ]	вишня (ж)
sour cream	['saʊə kri:m]	сметана (ж)
soy	['sɔɪ]	соя (ж)
spaghetti	[spə'gɛtɪ]	спагеті (мн)
sparkling	['spɑ:klɪŋ]	з газом
spice	[spaɪs]	прянощі (мн)
spinach	['spɪnɪdʒ]	шпинат (ч)
spiny lobster	['spaɪnɪ 'lɑ:bstə]	лангуст (ч)
spoon	[spu:n]	ложка (ж)
squid	[skwɪd]	кальмар (ч)
steak	[steɪk]	біфштекс (ч)
still	[stɪl]	без газу
strawberry	['strɔ:bərɪ]	полуниця (ж)
sturgeon	['stɜ:dʒən]	осетрина (ж)
sugar	['ʃʊgə]	цукор (ч)
sunflower oil	['sʌnflaʊə ɔɪl]	соняшникова олія (ж)
sweet	[swi:t]	солодкий
sweet cherry	[swi:t 'tʃɛrɪ]	черешня (ж)
taste, flavor	[teɪst], ['fleɪvə]	смак (ч)
tasty	['teɪstɪ]	смачний
tea	[ti:]	чай (ч)
teaspoon	['ti:spu:n]	чайна ложка (ж)
tip	[tɪp]	чайові (мн)
tomato	[tə'meɪtoʊ]	помідор (ч)
tomato juice	[tə'meɪtoʊ dʒu:s]	томатний сік (ч)
tongue	[tʌŋ]	язик (ч)
toothpick	['tu:θpɪk]	зубочистка (ж)
trout	['traʊt]	форель (ж)
tuna	['tu:nə]	тунець (ч)
turkey	['tɜ:kɪ]	індичка (ж)
turnip	['tɜ:nɪp]	ріпа (ж)
veal	[vi:l]	телятина (ж)

vegetable oil	['vedʒtəbl ɔil]	олія (ж) рослинна
vegetables	['vedʒtəblz]	овочі (мн)
vegetarian	[vedʒə'tɛrɪən]	вегетаріанець (ч)
vegetarian	[vedʒə'tɛrɪən]	вегетаріанський
vermouth	[vɜ:'muː:θ]	вермут (ч)
vienna sausage	[vi'ɛnə 'sɔːsɪdʒ]	сосиска (ж)
vinegar	['vɪnɪgə]	оцет (ч)
vitamin	['vaɪtəmɪn]	вітамін (ч)
vodka	['vɑːdkə]	горілка (ж)
wafers	['weɪfəz]	вафлі (мн)
waiter	['weɪtə]	офіціант (ч)
waitress	['weɪtrəs]	офіціантка (ж)
walnut	['wɔːlnʌt]	горіх (ч) волоський
water	['wɔːtə]	вода (ж)
watermelon	['wɔːtəmɛlən]	кавун (ч)
wheat	[wiːt]	пшениця (ж)
whiskey	['wɪskɪ]	віскі (с)
white wine	[waɪt waɪn]	біле вино (с)
wild strawberry	['waɪld 'strɔːbərɪ]	суниця (ж)
wine	[waɪn]	вино (с)
wine list	['waɪn lɪst]	карта (ж) вин
with ice	[wɪð aɪs]	з льодом
yogurt	['joʊgət]	йогурт (ч)
zucchini	[zuː'kiːnɪ]	кабачок (ч)

Made in the USA
Monee, IL
04 May 2025

16840742R00118